핀란드

FINLAND

테르투 레니, 엘레나 배럿 지음 · 권은현 옮김

세계의 **풍습과 문화**가 궁금한
이들을 위한 **필수 안내서**

★ 세계 문화 ★
여행

핀란드

FINLAND

시그마북스
Sigma Books

세계 문화 여행 _ 핀란드

발행일 2021년 10월 11일 초판 1쇄 발행
지은이 테르투 레니, 엘레나 배럿
옮긴이 권은현
발행인 강학경
발행처 시그마북스
마케팅 정제용
에디터 장민정, 최윤정, 최연정
디자인 강경희, 김문배

등록번호 제10-965호
주소 서울특별시 영등포구 양평로 22길 21 선유도코오롱디지털타워 A402호
전자우편 sigmabooks@spress.co.kr
홈페이지 http://www.sigmabooks.co.kr
전화 (02) 2062-5288~9
팩시밀리 (02) 323-4197
ISBN 979-11-91307-84-9 (04900)
       978-89-8445-911-3 (세트)

CULTURE SMART! FINLAND

핀란드전도

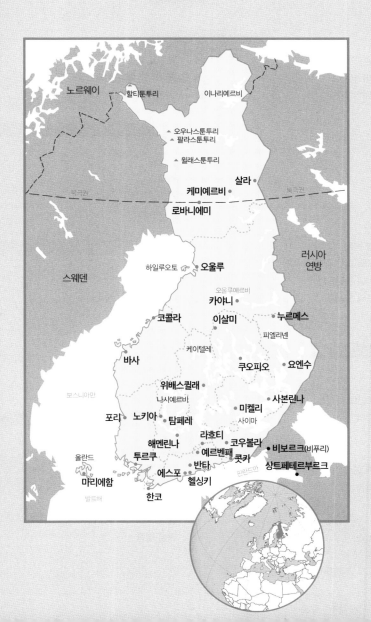

노르웨이

할티툰투리

이나리예르비

▲ 오우나스툰투리
▲ 팔라스툰투리

▲ 윌래스툰투리

살라

케미예르비 •

로바니에미

북극권   북극권

러시아
연방

스웨덴

하일루오토 ☞ 오울루

오울루예르비

카야니 •

코콜라 •   이살미   • 누르메스

피엘리넨

케이텔레

바사   쿠오피오 요엔수

위배스퀼래

나시예르비

보스니아만   미켈리   사본린나

포리   노키아 • 탐페레   사이마

해멘린나   라흐티

투르쿠   예르벤패 코우볼라

올란드   반타   콧카   • 비보르크 (비푸리)

에스포   상트페테르부르크 •

마리에함   헬싱키

발트해   한코   핀란드만

차 례

06   여가생활

07   여행, 건강 그리고 안전

08   비즈니스 현황

09   의사소통

핀란드는 북유럽의 지상낙원 같은 곳으로, 여름에는 백야를, 겨울에는 화이트 크리스마스와 산타클로스를 만날 수 있고, 자연 그대로의 청정 호수가 1,000개나 되는 나라다. 핀란드의 국토는 버섯과 산딸기를 따거나 소나무 향을 맡을 수 있는 수천 킬로미터나 되는 울창한 숲으로 덮여있다. 한편 현대화와 혁신, 교육과 기술, 문화적 다양성이 점차 증가하는 땅이기도 하다.

핀란드 국민은 그들만의 독특한 문화 정체성을 지키기 위해 오랫동안 힘겹게 싸워왔다. 정치인이자 작가인 아돌프 이바르 아르비드슨은 "우리는 더 이상 스웨덴인이 아니다. 그렇다고 러시아인이 되길 원치 않는다. 다만 핀란드인이 되고 싶다"는 명언을 남기기도 했다. 그의 명언은 핀란드만의 정체성을 향한 열정을 잘 보여주며, 자유롭게 핀란드인이 될 수 있는 공간을 만들겠다는 염원을 함축적으로 보여준다.

이처럼 핀란드만의 정체성은 번역하기 까다로운 '시수sisu'라는 개념에 잘 나타난다. 시수는 역경에 맞서 침착하고 냉정함을 유지하면서 어떤 일을 계속해내는 끈기와 힘을 뜻한다. 눈 속으로 뛰어들거나 근처 호수로 뛰어들기 전에 사우나의 돌에 물을 더 뿌리는 핀란드인을 보면, 시수의 개념을 조금은 이해할 수 있다. 겨울철 -30℃의 날씨에도 수많은 핀란드인은 스키나 아이스 스케이트를 즐기는데, 가장 추운 계절에도 이런 활동을 즐기는 핀란드인의 모습에서 시수를 엿볼 수 있다. 독립을 쟁취하기 위해 치른 두 차례의 힘든 전투 결과 탄생한 오늘날의 핀란드를 탐색하다 보면, 곳곳에서 쉽게 시수를 만날 수 있다.

그러나 핀란드가 끈기와 냉정만 있는 것은 아니다. 핀란드는 기능주의 건축가 알바르 알토의 나라이자, 작곡가 장 시벨리우스의 나라이며, 엘리아스 뢴로트의 서사 모음집 『칼레발라』에 등장하는 수많은 신화의 나라이다. 영화감독이자 영화 각본가 아키 카우리스마키의 영화가 탄생한 고향이며, 음악과 문학, 미술과 영화를 넘어 민주주의가 꽃을 피우는 나라이다. 범죄율과 빈곤율이 낮고, 부패가 적은 핀란드는 살기 좋은 나라 1위로 자주 손꼽힌다. 다시 말해, 핀란드는 끝없이 펼쳐진 숲 외에도 아름다움이 풍부한 나라이다.

핀란드인은 조용하고 내성적이라는 인식이 있다. 어느 정도는 사실이지만, 전적으로 맞다고 할 수는 없다. 핀란드에서 살거나, 핀란드인과 호밀 빵을 같이 나누어 먹거나, 핀란드어 한두 마디를 배운다면, 그 외에도 유머와 공정함, 재능과 관대함 등 다양한 모습을 발견하게 될 것이다.

핀란드의 겨울은 어둡고 길다. 그러나 촛불을 켜면 볼거리가 많다. 여름의 낮은 끝이 없다. 잠을 청하지 말고 어스름한 하늘에 아침의 서광이 비칠 때까지 기다려보자. 핀란드어는 배우기 어렵기로 유명하지만, 그렇다고 전혀 불가능한 것은 아니다. 핀란드어를 배워 약간의 시수도 커다란 영향을 미친다는 사실을 배워보자. 핀란드인의 정체성을 알아가면서, 어쩌면 여러분 안에서도 핀란드인과 같은 모습을 만나게 될지 모른다.

기 본 정 보

공식 명칭	핀란드공화국. 핀란드어로는 수오미라고 한다.	유럽연합의 회원국이다. 유엔, 국제통화기금, 관세무역일반협정, 세계무역기구, 세계은행, 경제협력개발기구, 유럽경제지역, 북유럽이사회의 회원국이기도 하다.
수도	헬싱키(헬싱포르스)	
주요 도시	에스포, 탐페레, 반타, 투르쿠, 오울루, 라흐티, 쿠오피오, 위배스퀼래, 포리	헬싱키 광역권에는 약 100만 명이 거주한다.
면적	33만 8,000km²(대한민국의 약 3.3배)	유럽에서 일곱 번째로 크다.
국경	스웨덴, 노르웨이, 러시아와 국경을 접하고 있으며, 발트해로는 핀란드만과 보스니아만과 국경선을 이룬다.	
기후	북유럽 기후로 겨울에는 춥고 여름에는 덥다.	멕시코만류가 대서양에서 따뜻한 기후를 가져온다.
통화	유로	2002년 1월 1일 유로가 도입되면서 핀란드 마르카를 대체했다.
인구	약 550만 명	65%는 도시에 거주하며, 35%는 시골에 거주한다.
민족 구성	대다수는 핀족이며, 사미인과 로마인이 소수 인종이다.	
기타 국적	약 6만 5,000명이 외국인이다.	러시아인, 에스토니아인, 잉그리아인이 가장 많다.
가족 구성	평균 가족 구성원 수는 2.8명이다.	높은 이혼율, 인구 고령화
언어	핀란드인의 93%는 핀란드어를 사용하며, 5.6%가 스웨덴어를 쓴다. 핀란드어와 스웨덴어 둘 다 공식 언어다.	사미어와 로마니어도 인정하고 있다.

종교	약 86%가 루터교, 1%가 정교회, 1%가 기타 종교를 믿고 있다.	약 12%는 무교다.
정부	1917년 12월 6일 핀란드공화국으로 독립했다.	국가수반은 대통령으로 6년 임기 단임제다.
미디어	수오멘 월레이스라디오(핀란드방송국)는 TV와 라디오 주요 채널을 운영한다. 주요 민영 TV 채널은 MTV3다.	민영 라디오 방송국이 많다. 최대 전국지는 『헬싱긴 사노마트』다. 전국, 지역, 지방 신문과 잡지가 많다.
미디어: 영어방송	핀란드 TV 콘텐츠의 상당한 부분이 영어로 방송된다.	주요 신문사의 홈페이지에 영어로 뉴스 요약을 수록한다.
전압	220/230V, 50Hz	2구 플러그를 사용한다.
비디오/TV	디지털 시그널	
인터넷 도메인	.fi	
전화	국가번호 358	
시간	그리니치 표준시보다 2시간 빠르고, 동부 표준시보다 7시간 빠르다(한국보다 7시간 느림).	서머타임은 3월 마지막 주 일요일에 시작해 10월 마지막 주 일요일에 끝난다.

01

영토와 국민

판란드는 호수와 숲, 평야로 이루어진 국가이다. 영토 대부분은 낮은 지형으로 이루어져 있으며, 전체 국토 면적은 33만 8,000㎢로 대한민국의 약 3.3배 크기이다. 서쪽으로 스웨덴, 북쪽으로 노르웨이, 동쪽으로 러시아와 국경을 접하고 있다. 판란드의 인구는 약 550만 명이며, 인구의 약 80%는 도시 지역에 밀집해 있다.

지형

핀란드는 호수와 숲, 평야로 이루어진 국가이다. 핀란드인은 핀란드 경제에 중요한 제지와 셀룰로스 산업의 원료가 되는 핀란드 숲을 '녹색 금'이라고 부른다. 또한 핀란드는 국제적인 임업 연구 분야와 지속 가능한 개발 분야를 선도하고 있다.

영토 대부분은 낮은 지형으로, 가장 높은 산은 라플란드에 있다. 동부와 서부 지역에는 호수가 많으며, 서해안은 매우 평평한 지형으로 홍수가 자주 발생한다. 마지막 빙하기 때 현재의 지형이 만들어졌으며, 빙하가 녹은 후 드러난 거대한 화강암들을 볼 수 있다.

핀란드의 전체 국토 면적은 33만 8,000km²다. 최남단 마을 한코에서 최북단 마을 누오르감까지 직선거리는 1,157km지만 동쪽에서 서쪽으로 최장 거리는 542km로 남북 직선거리보다 훨씬 짧다. 핀란드는 북위 60~70°, 동경 20~32° 사이에 있으며, 북유럽에 속한다. 북극권은 핀란드 북쪽에 있는 로바니에미의 북쪽과 그보다 위에 있는 라플란드 지역 대부분을 지난다.

핀란드는 서쪽으로 스웨덴과 614km의 국경을 접하며, 북쪽으로 노르웨이와 736km의 국경을 접하고 있다. 동쪽으로 러시아와 가장 긴 1,340km의 국경을 접하고 있으며, 이 지역은 핀란드와 러시아 국경수비대가 공동 순찰하며 관리한다. 러시아와의 국경선은 러시아 연방 공화국과 유럽연합을 나누는 경계선으로, 냉전 시대를 배경으로 한 첩보 소설의 배경으로 자주 등장한다. 남쪽으로는 핀란드만을, 서쪽으로는 보스니아만을 접하고 있으며, 둘 다 발트해에 속한다. 핀란드의 해안선을 다 합치면 약 4,600km에 달한다.

전체 영토의 약 10%는 강과 호수로 이루어져 있다. 주로 소

나무 숲과 가문비나무 숲이 영토의 68%를 덮고 있으며, 6%는 경작지로 보리와 귀리를 주요 작물로 재배하고 있다. 나머지는 습지로 이루어져 있다. 호수의 개수는 18만 7,888개에 달하며, '천 개의 호수가 있는 땅'이라는 핀란드를 일컫는 표현은 결코 과장이 아니다. 오히려 실제 호수는 그보다 훨씬 많다. 핀란드에는 작은 바위섬부터 무인도, 그리고 사람이 거주하는 커다란 섬에 이르기까지 17만 9,584개의 섬이 있으며, 그중에서 10만 개의 섬은 호수에 떠 있다. 따라서 핀란드에서 섬 한

두 개를 소유하는 일은 특별하지 않으며, 핀란드인이라면 누구나 호숫가나 바닷가의 집을 꿈꾼다.

핀란드 남서해안에는 유럽 최대 규모의 군도가 있으며, 올란드 제도(핀란드어로 '아베난마'로 불린다)라 불리는 이곳은 자치 구역으로 핀란드와 스웨덴 중간에 위치한다. 1920년대 국제연맹이 올란드 제도를 비무장지대로 지정했다. 이곳 주민의 90% 이상은 스웨덴어를 사용한다.

핀란드에서 가장 큰 호수 사이마호는 남동쪽에 위치한다. 핀란드 주요 호수들은 5개의 긴 수로를 형성하고 있으며, 호수의 시작과 끝을 구분하기가 어려울 정도로 서로 긴밀하게 연결되어 있다. 호수의 외진 지역은 아직도 카페리로 연결되지만, 인구 밀도가 높은 지역은 카페리 대신 다리로 연결되어 있다. 참고로 도로는 큰 호수를 우회해야 하므로, 육로로 이동하면 시간이 오래 걸린다.

또한 강이 많아서 수력 발전이 가능하다. 전통적으로 연어가 회귀하는 강에는 연어를 위한 수문이 설치되어 있다. 핀란드에는 5,100개의 급류가 있으며, 가장 큰 급류는 러시아 접경 지대인 이마트라에 있다. 이런 급류들은 수력 발전에 이용되지만, 관광객을 위해 가끔 일요일에 급류를 방류해 웅장한 장관을 이룬다. 인근 도시 라펜란타에서는 사이마 운하를 따라 러시아의 비보르크(핀란드어로 '비푸리'-옮긴이)까지 여행할 수 있다. 이 코스를 여행하고 싶다면, 여행사에 비자가 필요한지 문의해 보자. 러시아가 핀란드에 사용권을 임대한 사이마 운하는 러시아의 카렐리아에서 핀란드만까지 핀란드 내륙의 호수와 대양을 연결한다. 제2차 세계대전 전까지 핀란드 제2의 도시였던 비푸리는 전쟁 이후 러시아에 양도되었다.

기후

핀란드의 사계절은 뚜렷하며, 계절마다 특징이 강하다. 가장 긴 계절인 겨울에는 서리와 눈이 온 땅을 덮어 엽서 속 그림처럼 아름답다. 라플란드에는 이르면 9월에 첫눈이 내리고, 4~5월까지 겨울이 이어진다. 남부 지역의 겨울은 이보다는 짧으며 비교적 기후가 온화하다. 해안 지역보다 내륙 지방이 훨씬 춥고 건조하다. 북부 지방의 기온은 무려 -40℃까지 떨어진다. 겨울에는 호수와 강이 두껍게 얼어 빙판 위로 차량이 이동할 수 있어, 이동시간이 많이 단축된다. 3월은 폭설 양이 가장 많다. 도심에서 제거한 상당량의 눈을 외곽 지역의 스키 트랙과 아이스 스케이트장으로 보낸다. 쇄빙선을 이용해 주요 항로를 계속 유지한다. 이처럼 겨울은 핀란드 경제에 상당한 영향을 미친다.

갑작스럽게 찾아오는 봄이 되면, 호수의 얼음은 빠른 속도로 녹는다. 여름은 매우 따뜻하고 건조하며, 특히 해안가를 벗어나면 이 특징은 더욱 두드러진다. 낮에는 기온이 30℃까지 오르며, 동쪽의 대륙성 기후로 고온을 기록한다. 온화하고 습한 서쪽의 기후도 핀란드의 기후에 영향을 미친다. 멕시코만류의 영향이 없다면, 핀란드는 매우 춥고 사람이 살 수 없을 것이다.

핀란드인은 짧지만 소중한 여름을 좋아하며, 매 순간을 즐긴다. 이때는 노천카페가 성행하며, 테라스는 맥주를 즐기는 사람들로 북적이고, 해변은 일광욕을 즐기는 사람들로 꽉 찬다. 눈부시게 아름다운 색의 향연이 펼쳐지는 가을에는 라플란드가 등산객으로 붐빈다.

수심이 깊지 않은 핀란드의 호수는 수온이 20℃로 따뜻하며, 여름에도 수영을 즐기기에 아주 좋다. 그러나 핀란드인은 여름뿐만 아니라 겨울에도 수영을 즐긴다. 꽁꽁 언 호수에 구멍을 뚫어서 수영을 즐긴다. 정신이 번쩍 들게 하는 겨울 수영은 질병 치료에 좋은 것으로 알려졌지만, 심장이 약한 사람은 삼가길 바란다! 매년 겨울에는 세계 북극곰수영대회가 개최된다.

변화무쌍한 핀란드의 기후는 전 국민의 취미와도 직결되어 있다. 실외에서 옷을 얼마나 두껍게 입을지 판단하는 게 중요하므로, 집마다 실외온도계를 비치하고 있다. 기온은 아주 갑자기 변할 수 있다. 여름에는 천둥을 동반한 폭우가 빈번하게 발생한다.

　　겨울에는 낮이 짧지만, 여름에는 길다. 북쪽 지역은 극야로 몇 주간 해가 뜨지 않는다. 여름에 라플란드에는 두 달 동안 해가 지지 않는다. 그보다는 짧지만, 남쪽 지역도 한여름에 해가 지지 않는다. 오로라 또는 북극광('여우불'이라고 불린다)으로 불리는 웅장한 빛의 장관은 평균적으로 4일 중 3일 동안 맑고 어두운 밤하늘에서 볼 수 있다. 라플란드 킬피스예르비 지역에서 오로라를 가장 많이 볼 수 있지만, 남쪽 지역에서도 이따금 볼 수 있다.

자연

풍부한 수자원과 따뜻한 기후로 핀란드에는 '여름의 저주'로 여겨지는 모기떼가 출몰한다. 성가신 모기떼는 도시에는 흔하지 않지만, 호수와 습지 주변과 산속에서 무섭게 달려들며, 특히 라플란드에 모기가 많이 서식한다. 모기에 물리면 심각한 반응을 보이는 사람도 있는데, 이런 경우에는 약사에게 조언을 구하자. 그러면 모기 기피제와 연고를 추천할 것이다. 핀란드인 중에는 맥주가 최고의 모기 퇴치제라고 말하는 사람도 있지만, 효력이 있으려면 맥주를 아주 많이 마셔야 한다! '세계 모기 잡기 대회'가 매년 여름에 열리며, 정해진 시간 안에 손으로 모기를 가장 많이 잡은 사람이 우승한다. 핀란드인은

모기 잡기의 달인이다.

　일부 여행서의 설명과는 달리, 핀란드에는 북극곰이 없지만, 갈색곰은 있다. 대부분은 핀란드의 동부 지역에 서식하지만, 멀리는 남부의 헬싱키 외곽 같은 곳에서도 목격되곤 한다. 갈색곰은 사람에게 위험한 동물이 아니지만, 굶주린 곰은 가축을 죽이는 것으로 알려져 있다. 고대 핀란드인은 갈색곰을 숲속의 왕으로 숭배했으며, 핀란드에는 곰을 지칭하는 단어가 50개가 넘는다. 사람들은 곰을 직접적으로 불러서는 안 되며 은유법을 사용해야 한다고 생각했다. 직접 곰을 부르면, 곰은 누군가 자기를 불렀다고 생각할 것이다. 물론 곰의 관심을 끌고 싶은 사람은 없을 것이다. 최근에는 요엔수 공항 활주로에 곰이 출몰해 국내선 비행기의 발이 묶인 적이 있다.

핀란드인은 무스로도 알려진 엘크를 숭배했다. 최초의 동굴 벽화에 엘크가 등장하며, 최초의 장식품으로 엘크의 머리 모양도 있다. 오늘날 핀란드인은 엘크를 사냥한다. 핀란드를 방문한 외국인이 사냥하고 싶다면, 시험을 통과해 허가증을 받아야 하며, 사냥할 때는 핀란드인 가이드가 동반해야 한다. 사냥꾼을 엘크로 오인해 총을 쏘는 사고를 예방하기 위해 엘크 사냥꾼은 빨간색이나 주황색 모자를 반드시 써야 한다! 엘크 개체 수에 따라 허가증의 개수가 정해진다. 라플란드의 순록처럼 몸집이 거대한 엘크는 도로의 위험 요소다.

핀란드에는 늑대도 많으며, 주로 핀란드의 동부와 북부 지역에 서식하지만, 전국적으로 자주 목격되기도 한다. 가장 희귀한 포유류인 사이마 물범은 사본린나와 린난사리 근처의 호수에서 볼 수 있다. 야생 조류로는 들꿩과 뇌조가 있으며, 극지방으로 이동하는 철새는 봄철과 가을철에 새를 관찰하는 사람들에게 많은 즐거움을 선사한다. 핀란드 최남단에 있는 한곤니에미는 조류학자의 천국으로 발트해를 횡단한 새들이 이곳에서 휴식을 취한다. 철새인 백조는 시벨리우스 교향곡

제1번의 영감이 된 것으로 알려져 있다.

핀란드의 호수와 바다에는 물고기가 풍부하다. 강꼬치고기, 농어 등 민물고기와 저인망으로 잡는 흰 송어를 비롯해 다양한 종류의 연어가 있다.

역사

【 빙하기에서 철기 시대까지 】

핀란드인은 누구이며 어디에서 왔을까? 핀란드인은 역사학자 타키투스가 쓴 독일 역사서에 처음으로 등장했으며, 로마군이 현재의 핀란드 땅을 점령하기 전에는 핀란드인에 관한 문헌상 증거는 거의 없다. 핀란드 사냥꾼들은 독일인과 모피를 교역했으며, 독일인은 로마인에게 모피를 되팔았다.

핀란드인의 이동 경로는 발트해 동쪽 주변에 사는 사람들이 사용하는 외래어와 유사어를 통해 러시아의 볼가강을 따라 핀란드어와 연관된 언어가 여전히 통용되는 우랄산맥 주변 지역까지 거슬러 올라간다. 핀란드와 어원이 같은 민족으로는 에스토니아인, 잉그리아인, 우드무르트인 등 많이 있다. 최근

DNA 분석 결과, 핀란드인 유전자의 75%는 발트 지역 유럽인과 일치했고, 25%만 동양이나 아시아에서 유래한 유전자와 일치한 것으로 나타났다. 헝가리어도 핀란드어와 먼 친척 관계인 것으로 나타났다.

핀란드인과 사미인에 관해 아직도 풀리지 않는 의문이 있다. 현재 핀란드어와 연관성이 있는 언어를 사용하는 사미인은 이전에는 다른 언어를 사용했을까? 배틀액스인은 누구였으며, 이들은 어떤 언어를 사용했을까?

고고학 자료에 따르면 수렵과 채집을 한 최초의 인류가 마지막 빙하기가 지난 기원전 8000년경 핀란드로 유입된 것으로 알려졌다. 그러나 이들의 정체와 이들이 사용한 언어는 알려지지 않았다. 마지막 빙하기 이전에도 핀란드 땅에 사람이 살았을 수 있지만, 빙하기 때문에 모든 증거가 파괴되었을 것이다. 이제 새로운 사실들이 발견되면서 역사학자들은 선사 시대의 핀란드 지역을 재평가해야 할지도 모른다.

핀족은 남쪽에서는 핀란드만을 건너고, 동쪽에서는 카렐리아 지협을 따라 현재의 핀란드로 이동했다. 일부는 스웨덴의 동해안에서 보스니아만을 따라 핀란드 서쪽과 남서쪽의 해안 지대로 이동하기도 했다. 올란드 제도는 일찍부터 사람이 살고 있었다. 지금도 이 지역은 스웨덴어를 주로 사용한다.

핀란드에는 웅장한 동굴벽화와 암각화를 비롯해 아주 흥미로운 선사 시대의 유물들이 있다. 고고학적 발견과 더불어, 북방의 힘과 지략의 대결을 담은 전쟁영웅 서사시 『칼레발라』가 있다.

이교도 핀족은 자신들만의 신을 모셨다. 최고의 신 '우코'는 천둥을 뜻하는 단어로 지금까지 남아있다. 핀란드의 많은 지명은 제물을 바치던 장소와 무덤을 지칭한다. 현대적인 조사 방법과 과학적인 분석으로 과거의 많은 사실이 속속 밝혀지고 있다.

바이킹족은 핀란드를 지나 동쪽으로 긴 여행길에 올랐다. 고대의 교역로는 지금까지 남아있으며, '왕의 길'을 뜻하는 쿠닌칸티는 핀란드 남부 지방을 지나 스톡홀름에서 투르쿠를 거쳐 러시아까지 연결된다. 일부 구간은 오늘날 문화유산의 길로 만들어졌다.

【 1차 십자군 원정에서 대공국까지 】

북방 십자군이 핀란드에 도착한 이후, 핀란드에 관한 사실들이 많이 알려졌다. 아마도 기독교는 아일랜드 수도사들과 함께 스웨덴에 전해졌을 것이다. 13세기 말의 전설에 따르면, 스웨덴의 에릭 왕이자 웁살라 주교인 성 헨리가 이끈 1차 십자군 원정대가 1155년 핀란드로 진격했다.

서쪽에서는 교황의 세력이 커지고 있었고, 동쪽에서는 사람들이 활발히 정교회로 개종하고 있었다. 스웨덴은 가톨릭교회를 위한다는 종교적 이유뿐 아니라 정치적으로도 동쪽으로 확장하기 위한 전선으로써 핀란드 지역을 손에 넣고 싶어 했다. 그 이후로 핀란드 지역은 가톨릭과 정교회라는 두 세력 집단 사이에 놓이게 된다. 핀란드 서부 지역은 가톨릭교회를 따랐고, 핀란드 동부 지역의 카렐리아인은 러시아의 전신인 노브고로드에 확산한 동방정교회를 따랐다.

스웨덴은 핀란드를 가까이 묶어두고 싶어 했다. 핀란드가 스웨덴

헨리 주교가 투르쿠에서 가까운 쿠피스의 샘에서 핀란드인에게 세례하는 모습. 1854년 R. W. 에크만의 그림.

의 일부였다는 최초의 문헌상 증거로 1216년 교황 문서가 있다. 스웨덴은 해메와 비보르크, 그리고 남쪽 해안에 요새를 지었다. 1293년에 지어진 비보르크 성은 지금도 남아있으며, 현재는 러시아에 속한다. 투르쿠와 사본린나에도 성이 축조되었고, 둘 다 지금까지 남아있다.

1323년 패흐키내사리 조약(스웨덴-노브고로드 전쟁의 평화 조약이자 국경 확정 조약-옮긴이)에 따라 스웨덴과 노브고로드는 핀란드를 둘로 나누었다. 카렐리아는 노브고로드의 통치를 받게 되었고, 핀란드의 남부와 서부 지역은 스웨덴 일부가 되어 서양 문화와 기독교 문화권으로 남게 된다.

투르쿠는 핀란드의 스웨덴 지방의 주도가 되었다. 스웨덴 사법제도와 세금제도, 기타 통치 수단이 수립되었다. 투르쿠 주교가 정신적 지도자가 되었다. 16세기 핀란드인은 스웨덴 의회에 대표를 보낼 권리가 있었다.

16세기 전반기에 여타 스칸디나비아 지역과 마찬가지로 핀란드에는 종교 개혁과 루터파 개신교가 생겨난다. 스웨덴의 권력이 커지면서 동쪽으로 팽창하자, 핀란드는 전쟁터가 되었고, 핀란드인은 굶주림과 전쟁에 시달리게 된다. 스웨덴은 핀란드 지역을 더욱 통제했고, 스웨덴인이 고위직을 독차지했다.

스웨덴 제국의 영광은 대북방 전쟁(1700~1721년)으로 막을 내렸다. 스웨덴이 다른 곳에 정신이 팔린 사이, 1714년 러시아가 핀란드를 점령했다. 그 후 '거대한 분노(1714~1721년 사이 핀란드 정복 기간-옮긴이)'가 시작되었고, 1721년 우시카우풍키에서 조약이 체결됨으로써 핀란드의 동남부 지역은 러시아에 속하게 되었다. 계속해서 전투가 이어졌고, 러시아의 세력은 서쪽으로 더욱 확산하였다. 그 당시 핀란드인들 사이에는 국가를 건설하겠다는 염원이 생겨났고, 핀란드를 스웨덴에서 분리하자고 주장하는 사람들도 나왔다. 투르쿠대학교가 지식인의 중심지였지만, 핀란드가 주체적인 국가가 되기까지 갈 길이 멀었다.

스웨덴 국왕 구스타브 3세가 통치하던 1771~1792년에는 핀란드가 다소 발전했다. 현재는 수오멘린나로 알려진 헬싱키 외곽에서 스베아보리 요새가 건축되기 시작되었다. 이 요새는 크림전쟁 때 단 한 번 영국군의 공격을 받았다.

이 시기는 핀란드의 부흥기로 정치와 경제가 발전했고, 새로운 도시가 생겨났다. 러시아와의 전쟁(1788~1790년)에 참전한 일부 군인은 스웨덴과의 분리를 주장했지만, 그들의 생각은 큰 지지를 받지 못했다.

한편 나폴레옹 보나파르트는 유럽에서 제국을 넓히고 있었다. 1807년 나폴레옹은 폴란드 틸지트에서 러시아의 알렉산드르 1세를 만났다. 그들은 스웨덴을 영국 봉쇄 정책에 억지로 합류시키고, 스웨덴을 압박하기 위해 러시아가 핀란드를 공격하기로 합의했다. 이 전쟁(1808~1809년)은 핀란드 전쟁으로 알려져 있다. 요한 루드비그 루네베리의 서사시 『강철 소위 이야기』는 핀란드의 민족 낭만주의를 촉발했고, 19세기에 일어난 민족주의 운동에 기름을 부었다. 스웨덴과의 전쟁에서 승리한 러시아는 핀란드를 점령했다.

러시아의 알렉산드르 1세 황제는 상트페테르부르크를 반드시 지키길 원했다. 그 지역은 핀란드를 러시아로 편입시키는 데 중요했기 때문이다. 1809년 평화 협약을 체결한 알렉산드르 1세는 핀란드로 왔고, 포르보에서 핀란드 의회의 첫 번째 회기를 열었다. 핀란드인은 러시아에 충성을 맹세했고, 그 대가로 핀란드인은 루터파 개신교와 헌법, 스웨덴 통치 시절 만들어진 권리들을 지킬 수 있었다. 핀란드는 자치권을 가진 대공국으로 러시아에 복속되었다. 알렉산드

러시아 황제 알렉산드르 1세

르 1세는 입헌군주로, 핀란드에 자신을 대신할 총독을 파견했다. 핀란드 상원은 4개 의회가 구성되었다. 핀란드가 처음으로 국가의 틀을 갖추게 되었다. 알렉산드르 1세는 핀란드의 힘이 강성해져 스웨덴 세력을 약화하길 원했다.

헬싱키는 핀란드의 수도가 되었고 빠르게 성장했다. 한자동맹 기간에 교역 도시로 만들어진 비푸리는 번창했고 대공국 시대에 이르러 가장 국제적인 도시가 되었다. 비푸리 주민 중 상당수는 4개 국어(러시아어, 독일어, 스웨덴어, 핀란드어)에 능통했다고 알려져 있다.

【 대공국에서 독립까지 】

핀란드는 이후 정체성을 구축하는 데 관심이 커졌다. 엘리아스 뢴로트는 구전되던 신화 같은 핀란드 영웅담과 시를 수집해서 기록했고, 이후 『칼레발라』를 발간했다. 서사시가 담긴 『칼레발라』의 출간은 핀란드어에 대한 자부심을 한층 고취했다. 18세기를 거쳐 19세기까지 스웨덴 지지 세력과 핀란드 지지 세력 사이에 핀란드어를 둘러싼 격렬한 논쟁이 벌어졌다. 핀란드어는 지금도 핀란드에서 논쟁거리가 되고 있다. 루네베리의 애국적인 시와 요한 빌헬름 스넬만 상원의원의 철학과 실질적인 노력에 힘입어 1860년대에 최초의 핀란드어 학교가 설립되었다. 핀란드어를 대학 강의에 사용하게 되었다. 이런 노력만으로도 핀란드어는 크게 발전하게 되었다. 핀란드 문학의 선구자들에 의해 '티에데(과학)'와 '타이데(예술)' 같은 단어가 만들어졌다. 진보적인 성향의 러시아 황제 알렉산드르 2세 덕분에 핀란드어가 발전할 수 있었다.

알렉산드르 3세와 니콜라이 2세의 통치 시절, 범슬라브주의 운동으로 인해 핀란드인의 권리를 축소하는 정책이 생겨났다. 그 결과 핀란드는 정치적 자유를 잃었지만, 예술과 문학은 꽃을 피웠다. 핀란드 예술의 황금기는 처음으로 핀란드 홍보관을 운영한 1900년 파리 만국박람회에서 세계적인 찬사를 받았다. 작곡가 시벨리우스는 세계적으로 유명해졌고, 그가 작곡한 〈핀란디아〉는 핀란드 민족주의자들의 애국가가 되었다.

러시아가 러일 전쟁에서 대패하면서 러시아와 핀란드의 관계는 전환점을 맞이했다. 러시아의 정전 불안은 핀란드까지 확산하였고, 핀란드 의회는 대대적인 변화를 겪었다. 4개의 의회는 단원제로 바뀌었고, 보통선거를 시행하게 되었으며, 유럽 최초로 핀란드 여성이 투표권을 갖게 되었다.

【 내전 】

20세기 들어 러시아가 핀란드를 엄격하게 통제하면서 핀란드의 자치권을 크게 제한했다. 핀란드에서 러시아인은 핀란드인과 법적으로 동등한 권리를 누렸고, 러시아 당국은 핀란드의 정치 활동을 엄밀히 감시했다. 핀란드의 많은 활동가 중에서 페르 에빈드 스빈후부드 상원의원은 시베리아로 송환되었다. 이후 그는 핀란드의 대통령이 된다. 1차 세계대전과 러시아 내부의 정치 소요 사태는 1917년 러시아 혁명과 황제의 권력이 끝나면서 정점에 달했다. 스빈후부드의 지휘하에 핀란드 상원은 1917년 12월 6일 독립을 선언했다. 레닌의 소련 정부는 한 달 뒤 핀란드의 독립을 인정했다.

핀란드에서 격렬한 내전이 발발했다. 적군(땅이 없는 시골 노동자와 공장 노동자)으로 알려진 좌파 야당과 독일의 예거 연대에서 훈련받은 백군(관료, 군, 신흥 부호)으로 알려진 우파 여당 사이에 치열한 전쟁이 벌어졌고, 그 결과 핀란드에 오랫동안 깊은 감정의 골이 생겼다. 칼 구스타브 에밀 만네르헤임이 이끄는 백군이 적군을 물리치고, 1918년 5월 헬싱키에서 승리의 행진을 했다. 만네르헤임은 핀란드의 임시 국가수반이 되었다. 핀란드에 군주제를 세우려는 움직임도 있었지만, 새로운 헌법에 따라 핀란드는 공화국이 되었다. 1919년 카를로 유호 스톨베리가 초대 대통령으로 당선되었다. 같은 해 금주령이 내려져 1932년까지 유지되었다. 1921년에는 일부 소작인이 토지 소유권을 갖게 되었다.

이때까지 핀란드 예술과 문학이 계속 성공하면서 핀란드 문화는 더욱 발전했다. 스톡홀름 올림픽에서 한네스 콜레흐마이넨이 육상에서 금메달 3관왕이 되면서 핀란드는 좋은 성적을 거두었다. 핀란드어 주간지 『수오멘 쿠발레흐티』가 탄생했고, 뉴스 에이전시 수오멘 티에토토이미스토가 설립됐다.

[전쟁과 전쟁 사이]

1920년대 신생 공화당은 제도를 수립하기 시작했다. 의무교육 제도를 도입했고, 핀란드어와 스웨덴어를 공식 언어로 지정했다. 1922년 징병제가 도입되었다. 우파 경향이 증가하면서 좌파와 충돌하게 되었고, 저명한 사회주의 정치인들이 체포되었다. 1929년 우파의 라푸아운동(핀란드의 급진적 민족주의, 반공주의 정치운동-옮긴이)이 시작되었다.

1920년대에는 영화에서 재즈와 탱고에 이르기까지 가벼운 엔터테인먼트가 핀란드에 도입되었다. 축음기 음반이 대량으로 판매되었고, 핀란드방송국 월레이스라디오가 창립되었다. 여성이 공무원이 될 수 있었다. 민간 항공사가 운영을 시작했다. 1920년대 말, 핀란드는 미 월가의 폭락으로 불황기에 접어들었다.

1930년대에는 반사회운동이 더욱 힘을 얻었다. 우파의 '검은 셔츠단'이 대통령을 납치했고, 소요 사태는 1932년 '맨챌래' 저항으로 정점에 달했으며, 그 이후 우익 활동은 줄어들었지만, 완전히 사라지지는 않았다.

핀란드 영화 산업은 성공에 성공을 거듭했다. 건축 분야에서는 비푸리 도서관에 알바르 알토의 중대한 작업이 진행되어 1935년에 완공되었다. 내전으로 생긴 일부 상처가 치유되기 시작했다. 핀란드에 확산한 낙관적 분위기에 독일 세력이 커지면서 전쟁의 암운을 드리웠다. 1939년 프랑스 에밀 실란패가 노벨문학상을 수상했고, 1940년 하계올림픽이 핀란드에서 개최될 예정이었다. 올림픽 경기장도 완공되었다.

【 겨울 전쟁 】

러시아가 레닌그라드를 방어하기 위해 핀란드만의 일부 섬에 군사기지를 세우길 원했다. 하지만 오랜 협상 끝에 결렬되었다.

1939년 11월 30일 러시아가 핀란드를 침공했다. 짧지만 맹렬한 전쟁은 1940년 3월 13일에 끝났다. 그해 겨울은 특히나 추웠고, 막대한 손실을 보았다. 카렐리아를 러시아에 빼앗겼고, 모든 카렐리아인은 핀란드로 도망쳤다. 평화는 오래가지 못했고, 1940년 6월 25일 계속 전쟁(제2차 소련-핀란드 전쟁-옮긴이)이 시작됐다. 1944년 9월 휴전이 선언되었다.

2차 세계대전 초반에 노르웨이를 점령한 독일군은 레닌그라드로 연결된 동맹군의 보급로를 끊으려고 라플란드로 넘어왔다. 1944~1945년에 라플란드에 주둔 중이던 독일군은 수도 로바니에미를 비롯해 나라 대부분을 파괴하고 불태우면서 퇴각했다. 1947년 파리평화조약에 따라 핀란드는 소련에 막대한 전쟁 배상금을 지급하며, 카렐리아 지협과 라플란드 일부 지역을 양도했다. 카렐리아 난민은 핀란드 전역에 수용되었다. 1950년대까지 배급이 계속되었다. 참전한 군인들이 집으로 돌아오면서, 1945~1950년에 핀란드 역사상 최대 베이비붐이 이어졌다.

【 전후 핀란드 】

1948년 핀란드는 소련과 우호협력원조조약을 체결했으며, 소런이 해체된 1990년대 초반에 이 조약은 폐기되었다. 파시키비 대통령은 핀란드의 대소련 외교 정책인 '파시키비 노선'을 수립했고, 그 정책은 후임 우르호 케코넨 대통령에게 이어졌다. 소련에 배상금을 지급하면서 핀란드 경제는 개혁과 급진적인 변화를 겪을 수밖에 없었다. 헬싱키에서 열린 1952년 올림픽은 핀란드를 세계에 알리는 계기가 되었고, 같은 해 전설적인 핀란드 미인 아르미 쿠셀라가 미스 유니버스가 되면서 정점을 찍었다.

1955년 핀란드는 UN에 가입한다. 같은 해에 스웨덴, 덴마크, 노르웨이와 함께 북유럽이사회를 창설해 자유무역지대를 조성했다. 케코넨 대통령은 외교 정책으로 중립과 비동맹원칙을 적극적으로 주장했다. 핀란드는 유럽자유무역연합에 준회원으로 가입했고, 유럽경제공동체와 자유무역협정을 체결했다.

1950년대 말, 코카콜라와 로큰롤이 핀란드에 소개되었다. 핀란드의 디자인은 타피오 비르칼라, 카이 프랑크, 티모 사르파네바, 안티 누르메스니에미와 같은 디자이너들과 함께 세계적으로 유명해졌다. 아르미 라티아가 마리메꼬를 창업했다. 알바르 알토는 건축의 세계적인 거장이었다. 배이뇌 린나가 쓴 전쟁 반대 소설 『언노운 솔저』는 대성공을 거두었고, 영화로 만들어져 역대 흥행 1위를 차지했다.

1960년대는 정치적으로 핀란드-소련의 싸늘한 관계로 시작했고, 1961년 대선 후보 중 한 명의 후보 지명을 둘러싼 노트 위기 사건으로 정점을 찍었다. 케코넨 대통령은 1960년대 내내 대통령직을 수행했다. 핀란드 경제는 성장했고, 구 100마르카를 신 1마르카로 대체하는 화폐 개혁을 단행했다. 임업과 제지업, 조선업, 금속업이 번성했다. 베이비붐 세대는 시골에서 도시로 이주했으며, 헬싱키는 계속해서 성장했다. 핀란드는 점차 다른 유럽 국가들과 사이가 가까워졌다.

문화적으로 1960년대는 소설가 한누 살라마가 그의 저서 『한여름 춤』에서 예수님을 그렸고 신성모독죄로 금서로 지정되었다. 탐페레에서 두 번째 TV 채널 TV2가 개국했다. 핀란드 댄스 '렛츠 키스'는 세계 대중가요 차트를 석권했다. 비틀스와 엘비스가 핀란드 탱고로 대중가요 차트에서 경쟁했다. 좌파 급진주의는 학생과 예술가 사이에서 인기를 끌었다. 1960년대 중요 사건으론 1930년대 파시스트 운동을 뮤지컬로 재해석한 라푸아라이소오페라 공연이 있다. 언론학과 사회학 분야를 선도하는 탐페레대학교가 문을 열었다. 포리 재즈 페스티벌과 카우스티넨 포크 뮤직 페스티벌이 시작되었다. 피에틸라 부부가 완성한 디폴리와 함께 건축계가 세대교체를 경험했다. 포괄적 교육제도가 채택되었다. 1968년 프랑스 학생 운동이 핀란드에도 유입되었고, 헬싱키의 학생회관을 점령했다. 자유분방한 분위기가 형성되면서 슈퍼마켓과 상점에서 주류를 구입할 수 있게 되었다. 핀란드인은 빙고 게임을 좋아하게 되었고, 단체 관광으로 지중해를 여행하기 시작했으며, 격식 있는 호칭 '테이티텔뤼' 대신 격식 없는 호칭 '시누텔루'를 쓰기 시작했다.

세계적인 석유 파동이 일어나고, 도시와 이웃 국가 스웨덴으로 사람들이 계속 이주하면서, 1970년대 중반 핀란드 경제는 불황기에 접어들었다. 핀란드는 국제 사회에서 정치적 중립국이자 비동맹국으로 자리를 잡았다. 그러나 핀란드는 소련의 지배 아래에 있다고 특히 독일이 비난했다. OECD 회의가 핀란드에서 개최되었고, 헬싱키 협약에 서명하면서 막을 내렸다. 국내 정치 면에서 이 기간은 많은 반대 정당이 탄생한 시기였다. 그중 제일 큰 정당은 베이코 벤나모가 이끈 핀란드농촌당이었다.

복권이 생겨났고, 뮌헨 올림픽에서 라세 비렌이 금메달을 땄다. 투르쿠에서 최초의 록 페스티벌이 개최되었다. 마르티 탈

벨라가 사본린나 오페라 페스티벌을 부활시켰다. 요나스 코코넨과 아울리스 살리넨이 새로운 핀란드 오페라를 만들었다.

경제는 계속해서 성장했고, 즐거운 여피 시대를 보냈다. 헬싱키에 메트로가 생겼다. 환경 문제가 전면에 대두되었고, 환경부가 설립되었으며, 녹색운동으로 정당이 설립되었다. 1985년 소련과 상호원조조약을 20년 연장했지만, 1992년 소련이 붕괴하면서 폐기되었다. 여성은 성직자가 될 수 있었지만, 교회에서 오랜 논쟁을 거친 후에야 비로소 서품을 받을 수 있었다. 평등권 법안이 시행되었으며, 이름에 대한 새로운 법안이 제정되어 여성이 결혼해도 자신의 성을 유지할 수 있게 되었다. 많은 여성은 결혼 전 성을 다시 쓰거나, 결혼 전 성과 결혼 후 성을 함께 쓰기도 했다. 국영 방송의 시대가 막을 내렸고, 최초의 민간 라디오 방송국이 개국했다. 장기 집권한 우르호 케코넨 대통령이 1986년에 사망하면서, 전후 시대의 종식을 알렸다.

1990년대는 소련의 붕괴와 석유 물물 거래의 종식으로 경제 위기가 촉발되었다. 핀란드에는 금융 위기가 뒤따랐고, 핀란드 정부는 시중 은행을 구제하기 위해 개입해야 했다. 실업률은 사상 최고를 기록했고, 핀란드는 유럽연합 가입을 신청했다. 1994년에 열린 국민투표에서 56.9%가 유럽연합 가입에 찬성했고, 43.1%가 반대했다. 도시와 농촌 간의 분열이 뚜렷했고, 도시에 거주하는 핀란드인은 '찬성표'를, 농촌 거주민은 '반대표'를 던졌다.

핀란드가 스톡홀름에서 열린 아이스하키 월드챔피언십에서 우승한 1995년 5월이 백미였다. 핀란드 통신기업 노키아는 모바일 전화 기술로 전 세계를 이끌었다. 핀란드 경제는 아주 빠르게 성장했다. 21세기로 들어서면서 핀란드는 유럽연합에서 안정적으로 자리를 잡게 되었다. 핀란드에서는 나토 가입을 둘러싼 찬반 논쟁이 계속되고 있다.

정부와 정치

핀란드는 의회 민주주의 공화국이다. 최초의 헌법은 1919년 7월에 지정되었으며, 2000년 이후로 크게 바뀐 적이 없다. 헌법이 국가의 최고 기구와 시민의 권리에 관한 규정을 수립했다. 핀란드 의회를 구성하는 의원 200명을 선출하는 국민에게 최고 권력이 부여된다. 의원 선거는 4년마다 3월에 열리며, 선거제도로는 직접선거와 비례대표제가 있다. 의회는 전통적으

핀란드 정부가 있는 헬싱키의 국회의사당

로 많은 정당의 의원들이 참여한다.

핀란드는 연정과 합의 정치의 전통이 강하다. 모든 핀란드 정당은 복지국가를 지향하지만, 최근 들어 복지제도를 축소하는 움직임이 나타나고 있다. 핀란드 정부에는 여성이 많이 참여하고 있다. 2000년 이후, 모든 정부 부처의 장관직 절반은 여성으로 채워져 있다. 총리는 2000년 3월 헌법 개정에 따라 공개투표 방식으로 선출된다.

대통령 선거는 6년마다 열린다. 대통령 임기는 최대 2번까지 연임할 수 있다. 2000년 3월 타르야 할로넨이 최초의 여성 대통령이 되었다. 현 사울리 니니스퇴 대통령은 2018년 재선에 당선된 이후, 2024년까지 대통령직을 맡는다.

정부와 함께 대통령은 평의회를 구성한다. 총리가 장관직을 제안하고, 대통령이 공식적으로 최소 12명의 각료를 임명하며, 최대 18명을 넘지 않는다. 평의회는 행정권을 가지며, 의회는 입법권을 갖는다.

지방정부 선거는 4년마다 가을에 열린다. 각 시에는 지방세, 병원, 보건소, 도시 계획, 복지 및 교육 등에 대해 폭넓은 권한을 가진 지방의회가 있다. 중앙정부는 지방 당국에 중앙기금을 지원한다. 핀란드에는 446개의 지방정부가 있으며, 그중 111개는 도시이다. 행정 지역을 넓히기 위해 지방 당국을 통합할 계획이 있다. 지방정부는 5개 지역으로 나뉘며, 지역 주지사가 이끈다. 올란드는 자체 지방 자치정부를 두고 있다.

정치 외교는 의회와 대통령이 주도한다. 국제 사회에서 핀란드를 대표하는 의무는 수정헌법에 따라 대통령과 총리가 나누어서 수행한다.

1999년 핀란드 유권자들은 5년 임기의 대표 16명을 선출해 유럽의회에 보냈다. 핀란드어는 유럽연합의 공식 언어 중 하나이다. 핀란드 의원으로는 1981년 세계 모터 랠리 챔피언 아리 바타넨과 크로스컨트리 스키 세계 챔피언에 여러 번 오른

마리오 마티카이넨-칼스트룀이 있다. 핀란드에서는 운동선수와 인기 스타가 정계에 입문하는 일이 드물지 않다. 안티 칼리 오매키 재무장관은 장대높이뛰기 챔피언이며, 올림픽 금메달 4관왕 라세 비렌은 의원이다. 문화부 장관 타니아 카르펠라는 미스 핀란드였다.

핀란드인은 전통적으로 아주 활동적인 유권자들이지만, 오늘날 젊은 핀란드인은 단일 이슈 운동과 환경단체보다 정치에 관심이 적다. 연금을 받는 노년층을 대표하는 정당처럼 소수 정당이 점차 늘어나고 있다.

핀란드와 이웃 국가

19세기 초반까지 역사에서 핀란드의 역할은 스웨덴과 러시아 사이의 주도권 다툼이 벌어지던 전쟁터였다. 1917년 독립한 이후로 핀란드는 소련과는 충돌해왔지만, 스웨덴과는 평화롭게 지냈다.

핀란드인은 언어와 문화가 비슷한 에스토니아를 특별한 이웃 국가로 여긴다. 핀란드는 노르웨이와 국경을 접하고 있지만,

국경지대가 멀리 떨어져 있다 보니 노르웨이인과는 접촉이 드물었다. 사미인은 핀란드 북부의 라플란드, 노르웨이 북부 지역, 스웨덴, 러시아에 거주하고 있으며, 거주 지역마다 자신들의 권리를 증진하기 위한 사미의회를 운영하고 있다.

핀란드와 스웨덴은 서로 애증의 관계이다. 핀란드인은 스웨덴인과 러시아인에 관한 농담을 즐긴다. 700년간 스웨덴 군대에 병사를 제공하고, 행정부를 운영하도록 스웨덴에 높은 세금을 지급한 결과였다. 핀란드 경제가 불황이면, 많은 핀란드인은 일을 하기 위해 스웨덴으로 이주해야 했다. 핀란드인은 이러한 이주 과정 초기에는 2등 시민으로 여겨졌지만, 이제는 스웨덴에 많은 핀란드 이주민이 살고 있어 핀란드인은 더 높이 평가되고 있으며, 핀란드인의 자녀는 스웨덴 사회에 완전히 통합되었다.

양국 간 스포츠 경기는 항상 치열하다. 핀란드와 스웨덴 국민은 서로 잘 지내지만, 민간 기업이 합병할 때 가끔 문제가 생기기도 한다. 스웨덴인은 폭넓은 논의를 원하지만, 핀란드인은 신속한 결정을 원하기 때문이다.

그러나 구소련과의 관계와 현재 러시아와의 관계는 복잡하다. 소련이 붕괴한 이후, 여행이 훨씬 더 쉬워졌다. 라도가 호수에 있는 발라모 수도원은 핀란드인에게 인기 있는 관광지이며, 핀란드의 기능주의 건축가 알바르 알토의 초기 건축물 중 하나인 비푸리 도서관 복원 프로젝트를 비롯해 협력 프로젝트가 많다.

2차 세계대전에서 터전을 잃은 많은 카렐리아 핀란드인은 러시아인을 격렬히 싫어하며, 카렐리아 수복을 꿈꾼다. 많은 카렐리아 주민들과 참전 용사들은 카렐리아에 있는 자신의 집이나 전쟁터를 보기 위해 자주 방문한다.

핀란드인은 구소련 시대를 더욱 객관적으로 분석하기 시작했지만, 아직 갈 길이 멀다. 많은 회고록과 일기, 크렘린 기록 보관소 공개로 역사학자들은 풍부한 자료를 얻게 되었다. 1950년대, 1960년대, 1970년대는 분명 힘든 시기였다. 경제적으로 소련은 핀란드에 인기 있는 거대한 소비 시장이자, 산업용 기계의 고객이었다. 소련의 붕괴로 핀란드 경제는 추락했지만, 이제는 완전히 회복했다. 핀란드 기업은 다시 한 번 러시아 시장으로 진출하고 있다. 정치적으로, 소위 EU에서 러시아로 가는 관문으로써 핀란드의 전략적 위치를 활용한 '북방 협력'이 많이 논의되고 있다.

오늘날의 핀란드인

오늘날 핀란드에는 약 550만 명의 핀란드인이 살고 있으며, 80%는 도시 지역에 밀집해 있다. 인구의 90%가 시골에 살면서 농업에 종사했던 1세기 전과는 크게 대조된다. 도시로의 이동은 사회적, 경제적으로 큰 영향을 미쳤다.

핀란드인의 평균 수명은 82세이다. 인구 피라미드는 대부분의 다른 산업 국가들과 비슷한 형태를 띠며, 중년층이 지배적으로 많다. 전후 '베이비붐 세대'가 은퇴할 나이에 가깝거나 은퇴할 나이에 진입했다. 핀란드인 중 86%는 루터교를 믿으며, 불과 1%만이 핀란드 정교회를 믿는다.

핀란드에는 사미어의 다양한 방언을 사용하며, 전통적으로 순록을 기르는 사미인이 6,500명 있다. 노르웨이 북부 지방과 스웨덴, 러시아에 사는 사미인도 있다. 이제 관광은 아주 중요한 수입원이다. 핀란드인들은 라플란드에 사는 산타클로스를 만나러 온 관광객들이 늘어남에 따라 라플란드로의 겨울 관광이 증가했다고 말한다! 라플란드는 스키와 트레킹을 위한 장소로도 인기가 높아지고 있다.

사미의회와 라플란드대학교로 지난 20년 동안 사미인의 위상이 높아졌다. 빔메와 포크 그룹 앙겔린 투톳 같은 예술가들이 전통적인 사미 노래 방식인 '요익'을 현대식으로 부르면서 사미 문화가 인기를 끌고 있다. 또한 샤머니즘이 새롭게 인기를 끌기도 했다. 순록을 방목하는 사미인과 핀란드 국가 사이의 토지 소유권을 둘러싼 문제는 아직 해결되지 않고 있다.

핀란드에 거주하는 외국인은 불과 24만 3,600명이며, 그중 상당수는 난민이다. 외국인 대부분은 일이나 공부, 결혼을 하기 위해 핀란드로 이주했다. 에스토니아인이 가장 많고 러시아인, 이라크인, 중국인이 그 뒤를 따르고 있다. 2015년에 시작된 난민과 이주민 위기도 영향을 미쳤다. 국제적으로 비교하면 여전히 숫자는 적지만, 예전의 단일국가 핀란드는 서서히 다문화주의로 바뀌고 있다. 새로운 사람들의 유입과 해외에서 근무하는 핀란드인의 수가 늘어나고, 전반적인 세계화의 추세가 핀란드인과 핀란드 문화에 영향을 미치고 있다.

농업과 임업, 건설업은 전자업, 제지업, 에너지 산업과 함께 핀란드인의 생계에 상당한 부분을 차지한다. 한때 핀란드 경제에 가장 크게 이바지한 제지업은 상당히 규모가 줄어들었다. 이와 비슷하게, 핸드폰 시장에서 노키아의 시장점유율이 줄어들면서 전자업도 축소되었다.

• 잘 알려진 핀란드산 제품 •

핀란드는 작고 비교적 신생 국가이지만, 전 세계적으로 잘 알려진 제품이 몇 가지 있다.

- 노키아: 전 세계적으로 많은 사람은 자신의 첫 휴대전화를 기억한다. 그리고 그들의 휴대전화는 노키아 제품이었을 가능성이 크다. 노키아는 아이폰의 출시와 스마트폰의 부상으로 큰 타격을 입었지만, 여전히 휴대전화, 태블릿, 타이어, 고무장화를 생산하고 있다.

- 리눅스: 리누스 토발즈라는 핀란드인이 만든 리눅스는 컴퓨터 운영체제로, 인터넷에 소스가 공개된 무료 프로그램이다.

- 사우나: 유일하게 세계적으로 유명한 핀란드에서 유래한 외래어다.

- 핀란드 교육: 핀란드가 가장 유명한 것 중 하나는 뛰어난 교육제도이다. 전 세계 사람들은 핀란드 학교와 그들만의 차별성을 보기 위해 핀란드를 찾아온다.

- 핀란디아: 보드카 브랜드이든 장 시벨리우스의 웅장한 교향곡이든, 여러분은 아마도 '핀란디아'라는 용어를 들어본 적이 있을 것이다. 세계적으로 유명한 핀란디아 보드카는 핀란드에서 생산한 보리와 빙하샘물을 이용해 만들어진다.

1990년대 초반 불황으로 부유한 사람과 장기 실직자를 비롯한 사회 소외 계층 간에 적대감이 생기기 시작했다. 1980년대 복지국가에 도취한 시절이 살기 좋았지만, 그 대가는 컸다. 금융 위기와 경제 악화는 인력 감축과 공적 자금의 삭감으로 이어졌다. 노년층과 어린아이가 있는 가정과 인구가 적은 지방 거주민이 경제적 고통을 겪게 될 가능성이 컸고, 일부 못사는 도시 지역에는 무료 식당이 상시 운영되는 곳도 있었다. 그러나 일자리가 있는 사람들의 삶은 계속해서 윤택했다.

핀란드의 도시들

【 헬싱키 】

핀란드의 수도이자 '발트해의 딸'이라고 불리는 헬싱키는 풍경이 아름다운 바닷가 도시로 핀란드만 연안에 자리 잡고 있다. 이곳은 2차 세계대전 직전까지 스웨덴 이름인 '헬싱포르스'로 전 세계에 알려져 있었다. 헬싱키 공항은 도심에서 20km 떨어져 있다.

헬싱키는 활기가 넘치는 현대 도시로, 65만 명이 넘는 인구

크루눈하카 중심부에 자리한 항구를 내려다볼 수 있는 헬싱키 대성당

헬싱키의 많은 주거 지역에는 공동 정원을 둘러싸고 지은 타운하우스가 많다.

가 사는 핀란드 최대 도시이다. 수도 주변에는 반타, 에스포, 카우니아이넨과 같은 소도시가 둘러싸고 있으며, 핀란드 전체 인구의 20% 이상인 120만 명이 넘는 인구가 살고 있다. 이곳에는 아름다운 섬이 많다. 따뜻한 여름에는 야외 활동을 하기에 완벽하지만, 추운 겨울에는 공해에서 얼음같이 차가운 바람이 불어와 사람들은 실내에서 주로 생활한다. 빌레 발그렌이 만든 하비스 아만다 동상은 헬싱키의 상징이자 축제의 중심지이다.

헬싱키는 구스타브 바사 스웨덴 국왕에 의해 1550년 만들어졌다. 2세기 동안 별로 중요하지 않은 도시로 한때는 사라질 위기에 처했지만, 핀란드가 러시아에 합병되면서 빠른 성장과 발전을 거듭했다. 러시아는 핀란드 수도가 상트페테르부르크에 가까이 있길 바랐고, 그 결과 헬싱키가 새로운 수도가 되었다. 과거의 수도 투르쿠에는 1827년 큰 화재가 발생했고, 이후 핀란드의 유일한 대학이었던 투르쿠 왕립 아카데미는 헬싱키로 이전한다. 헬싱키가 수도가 되기 몇 해 전, 헬싱키에도 화재가 발생했고, 카를 루빙 엥겔이 설계한 신고전주의 양식으로 도시를 재건하게 되었다. 헬싱키에서 가장 오래된 곳은 수오멘린나 요새로, 남쪽 항구에서 배로 15분 떨어진 섬에 세워졌다. 헬싱키는 19세기를 거치면서 빠르게 성장해 핀란드 최대 도시가 되었으며, 20세기에는 지방에서 온 이주민들이 헬싱키와 주변의 도시에 살게 되면서, 현재 이 지역에는 핀란드 인구의 1/5이 살고 있다.

헬싱키의 건축은 신고전주의 양식을 중심으로 핀란드의 민족 낭만주의 양식과 현대 건축 및 포스트모던 건축이 혼합되어 있다. 가장 최근의 역사적 건물 중 하나는 현대미술관 키아스마이다. 올림픽 경기장은 1930년대 말에 건축되었지만, 2차 세계대전으로 인해 올림픽은 1952년이 되어서야 헬싱키에서 개최되었다. 헬싱키는 커다란 아이스하키 도시로 새로운 빙상 경기장과 하르트발 경기장이 있다. 세 곳의 경기장은 콘서트장으로도 사용하고 있다.

헬싱키에는 놀이공원 린난매키(여름철에만 운영)가 있다. 코르케아사리섬에는 동물원이 있다. 세우라사리섬에는 전통적인 핀란드 목조 건물이 많으며 붉은 다람쥐가 서식한다! 현대 건축에 관심 있다면 볼거리가 많은 곳이다. 남항에 있는 유명한 시장에서 멀지 않은, 아름다운 아르누보 양식의 건물에 있는 헬싱키 관광안내소에서 안내 책자를 얻을 수 있다.

1975년 유럽안보협력회의가 개최된 핀란디아홀과 더불어

'암석 교회'로도 잘 알려져 있는 템펠리아우키오 교회는 알바르 알토의 마지막 건축물이자 랜드마크 건축물로 유명하다. 동서양을 한층 가깝게 만든 헬싱키 협정을 체결한 유럽안보협력회의로 헬싱키는 세계적으로 유명해졌다.

헬싱키에는 방문할 명소와 재미있는 박물관이 많다. 3T 트램을 타고 주요 관광 명소를 방문해보자.

'암석 교회'로도 유명한 템펠리아우키오 교회는 헬싱키의 툴루 지역에 있다.

키아스마 현대미술관은 헬싱키의 다양한 문화 시설 중 하나다.

예술과 문화에 관심이 있다면, 다양한 볼거리를 선사한다. 아테네움 국립미술관은 핀란드 최고의 미술품을 소장하고 있으며, 많은 개인 소장품이 대중에 공개되어 있다. 당연히 민간 아트 갤러리도 빼놓을 수 없다.

클럽을 가거나 외식을 하기에도 좋으며, 연간 축제와 스포츠 행사가 많이 열린다. 자세한 사항은 현지 언론을 검색해보자.

'헬싱키 카드'를 구매하면 헬싱키 주변을 돌아다니거나 관광지를 방문할 때 편리하다. 여행 안내 책자가 함께 제공되며, 대중교통(버스, 지하철, 기차, 배)을 자유롭게 이용할 수 있을 뿐만 아니라, 주요 관광 명소와 박물관 50여 곳에 무료로 입장할 수 있다. 관광 상품, 핀에어 공항버스, 차량 렌탈, 레스토랑, 커피숍, 쇼핑, 다양한 스포츠 및 사우나 할인도 받을 수 있다. 헬싱키 카드는 1일권, 2일권, 3일권으로 판매하고 있다. 헬싱키에서 배를 이용해 스톡홀름과 탈린, 폴란드, 독일로 이동할 수 있으며, 기차를 타고 러시아로 이동할 수도 있다.

【 에스포 】

핀란드 제2의 도시로 약 22만 명이 살고 있다. 헬싱키 서쪽 해안에 있는 에스포는 아름다운 해안선과 눅시오 국립공원을 비롯해 천혜의 자연을 자랑한다. 스톡홀름과 핀란드, 러시아를 연결하는 유명한 왕의 길은 에스포를 가로지른다.

에스포는 일찍이 기원전 3500년에도 선사 시대 정착민이 살았던 긴 역사가 있다. 사목구 교회(기독교의 기본 행정단위인 사목구의 종교적 중심지 역할을 하는 교회로, 유럽의 농촌 지역에서는 사목구 교회가 지역 사회의 생활에서 가장 기본적인 역할을 맡고 있다.-옮긴이)의 성장은 15세기로 거슬러 올라간다. 에스포에는 전 세계 건축가들이 도시 설계의 모델로 삼고 있는 타피올라 정원 도시가 중심에 있다. 오늘날 타피올라는 북유럽의 선도적인 기술 중심지이다.

헬싱키 공과대학교는 타피올라 근처 오타니에미에 있다. 구학생회관 건물 '디폴리'는 레이마 피에틸라와 라일리 피에틸라가 만든 걸작이다. 대학 건물과 캠퍼스는 알바르 알토가 설계했다.

유기적 건축물인 디폴리는 오늘날 알토대학교의 본관으로 사용하고 있으며,
소나무, 구리, 자연석과 같은 핀란드산 자재를 사용해서 만들었다.

【반타】

헬싱키 북쪽에 있는 반타는 헬싱키-반타 공항이 있는 도시로 잘 알려져 있으며, 세계 최고의 공항으로 여러 차례 선정되었다. 많은 첨단 기술 기업과 물류 기업이 그 주변에 자리 잡고 있다. 핀란드 과학센터 헤우레카는 티쿠릴라에 있다. 핀란드 작곡가 장 시벨리우스의 생가 아이놀라는 투술라 호숫가에 있다. 근처에는 핀란드 예술 황금기의 유명한 화가 페카 할로넨의 생가이자 박물관이 있다. 20세기 초 투술라 호수 주변에는 아주 자유분방한 예술가들이 살았다.

【탐페레】

헬싱키에서 북쪽으로 175km 떨어진 곳에 있는 탐페레는 거대한 두 호수 사이에 흐르는 탐메르코스키 강변의 해메 지역에 자리 잡고 있다. 1779년 스웨덴 구스타브 3세 국왕이 만든 탐페레는 스웨덴어로 '탐메르포르스'로 불린다. 탐페레는 섬유 산업의 중심지였고, 핀란드 노동조합의 발상지 중 한 곳이다. 핀란드 내전 중, 이곳에서 가장 치열한 전투가 치러졌다. 탐페레는 북유럽 국가에서 가장 큰 내륙 도시이자, 핀란드에서 헬싱키 광역권에 이어 두 번째로 큰 지역 중심지이다.

탐페레에는 대학이 2개 있으며, 핀란드 언론과 저널리즘에서 가장 유명한 인물들을 배출했다. 연극 도시로도 잘 알려져 있다. 라르스 손크가 탐페레 대성당을 설계했으며, 핀란드의 상징주의 화가 휴고 심베리가 벽화를 완성했다. 사라 힐덴 미술관에는 현대 미술품이 전시되어 있다. 탐페레의 올빼미 모양의 도서관은 라일리와 레이마 피에틸라 부부가 설계했다. 러시아 지도자 레닌은 망명 중에 탐페레에서 지냈으며, 레닌 박물관이 있다. 새르캔니에미 놀이공원은 핀란드에서 가장 인기 있는 놀이공원이다.

투르쿠의 예전 가톨릭 성당은 현재 핀란드 복음주의 루터교의 모교회이다.

【투르쿠】

투르쿠(스웨덴어로 '아보')는 핀란드에서 가장 오래된 도시로, 스웨덴의 지배 당시 수도였으며, 핀란드 남서부의 중심지이다. 아우라 강가에 있으며 투르쿠 군도와 가깝고 아름다운 시골 풍경이 병풍처럼 도시를 둘러싸고 있다. 핀란드의 '크리스마스의 도시' 투르쿠는 12월 24일 크리스마스 특별 평화 선언을 개최하며 11월과 1월 사이에 많은 행사를 개최한다. 여름에는 루이살로에서 록 페스티벌이 열려 많은 젊은이가 모인다.

투르쿠에는 각각 스웨덴어와 핀란드어를 쓰는 경제대학 두 곳과 많은 첨단 기술 기업들이 있다. 예로부터 서방의 관문인 투르쿠항은 바쁘고 중요한 역할을 했다. 투르쿠는 항상 상업 중심지였고, '투르쿠'라는 도시 이름 자체도 '시장'을 뜻한다. 투르쿠는 긴 역사만큼 대규모 화재가 자주 발생했다. 12세기에 지어진 투르쿠 성의 일부와 중세 성당은 주요한 볼거리이지만, 1827년 대화재 때 유일하게 불에 타지 않은 루오스타린매키 거리에는 수공예 박물관도 있다. 커다란 수오멘 요우첸 선박이 강가에 정박해 있으며, 현재는 박물관으로 사용되고 있다. 아트 갤러리와 박물관이 많으며, 아보아 베투스와 아르스 노바가 결합되어 있는 건물은 과거와 현재의 조화가 흥미롭다.

【오울루】

북쪽의 오울루는 또 다른 중요한 지역 도시이다. 성장하는 대학이 있는 첨단 기술 중심지이지만, 오울루의 역사는 유럽에서 가장 중요한 타르 항구와 함께 400년 전으로 거슬러 올라간다. 헬싱키 광역시를 제외하고 가장 빠르게 성장하는 도시이다. 핀란드의 실리콘 밸리로 불리며, 오울루 테크노폴리스는 1982년에 조성되었다.

【 로바니에미 】

라플란드 지역에서 오울루보다 더 북쪽에는 로바니에미가 있다. 2차 세계대전 때 독일군이 불태운 이 도시는 이제 완전히 재건되었다. 관광객들은 크리스마스 전세 항공기를 타고 산타 클로스를 보기 위해 로바니에미를 찾는다.

【 라흐티 】

핀란드 남쪽의 도시 라흐티는 시벨리우스홀과 함께 컨퍼런스의 중심지가 되었다. 시벨리우스홀은 핀란드 최대 목조 건물로 100년 동안 지어졌으며 작곡가 시벨리우스의 이름을 붙인 최초의 콘서트홀이다. 이곳은 시벨리우스 음악을 뛰어나게 해석하는 것으로 알려진 오스모 벤스케가 이끄는 라흐티 심포니 오케스트라의 본고장이다. 라흐티는 또한 겨울 스포츠의 중심지로, 거대한 2개의 스키 점프대가 있으며, 매년 겨울에 열리는 100km 핀란디아 스키 행사의 출발지이기도 하다.

【 라펜란타 】

핀란드의 자연을 경험하고 싶지만, 헬싱키에서 너무 멀리 나가고 싶지 않다면, 라펜란타가 최고의 장소이다. 수도 헬싱키에서 기차로 2시간 거리에 있는 라펜란타는 핀란드에서 가장 큰 사이마 호숫가에 있다. 라펜란타의 역사적인 요새에는 핀란드에서 가장 오래된 러시아 정교회 건물, 박물관 두 곳, 커피숍 몇 곳이 있으며, 언덕 높은 곳에 자리하고 있어서 도시와 항구, 드넓은 호수를 내려다볼 수 있어 방문해볼 만하다. 항구에서는 크루즈를 타고 주변 지역을 탐험할 수 있으며, 심지어 러시아의 상트페테르부르크로 떠나는 3일 일정의 크루즈를 탈 수도 있다. 러시아로 가는 크루즈는 비자가 필요 없다.

여름철에 특히 아이들을 동반한 가족 여행객이라면, 라펜란타의 유명한 모래성을 방문하는 것도 즐거운 경험이 될 것이다. 2003년 이후로 매년 여름마다 라펜란타 시는 전 세계 예술가들에게 거대한 모래성 작품의 설계와 제작을 의뢰하고 있다.

02

가치관과
사고방식

핀란드의 정신인 '시수'는 내면의 강인함을 의미하며, 핀란드 힘의 원천이기도 하다. 핀란드인은 자신이 핀란드인이라는 사실을 자랑스러워하며, 조국에 충성한다. 그리고 민주주의적 의무를 중요하게 생각하며, 변화는 행동에서 나온다고 생각한다. 정직함과 솔직함은 중요한 가치로 핀란드인과의 교류에서 잘 드러날 것이다.

시수

시수라는 말은 '내면'을 의미하는 '시사^{sisä}'라는 말에서 유래했다. 2차 세계대전 때 핀란드는 독립을 위해 싸웠고, 시수는 역경에 맞서 포기하지 않고, 힘들 때 용기와 담대한 마음으로 계속 헤쳐 나간다는 의미로 사용되기 시작했다. 이 두 가지 의미를 통합해 절대로 포기해서는 안 된다는 것을 깨달았을 때 나타나는 '내면의 강인함'을 의미한다.

흰옷을 입고 겨울 전쟁에 참전한 군인들이 핀란드의 독립을 상징하는 파란색과 흰색의 깃발을 꽂은 이후로, 시수는 사람들을 결집하는 문화적 이상향이 되었다. 낮의 길이가 가장 짧고 밤이 가장 어두운 극야 때, 핀란드인은 시수를 통해 여름을 버틸 수 있다는 것을 안다. 정부나 교육 정책이 제 기능을 발휘하지 못할 때, 핀란드인은 변화를 위해 집단의 시수를 활용한다. 마찬가지로 이민자가 복잡한 핀란드어 문법을 배우기 힘들 때, 시수가 도움이 될 것이다.

매년 핀란드인의 특성을 시험하는 수백 가지의 행사가 개최된다. 110°C의 사우나에서 경쟁자보다 뜨거운 열기를 오래 견뎌야 하는 사우나 세계 챔피언 대회는 참가자의 끈기와 참

세계 문화 여행 _ **핀란드**

을성을 시험한다. 허벅지까지 들어가는 진흙 속에서 달리면서
축구공을 차고 패스하는 '늪지대 축구'는 또 다른 예이다. 극
단적인 스포츠를 제외하더라도, 시수는 핀란드 힘의 원천이다
(유튜브에서 시수 관련 영상을 검색해보자).

핀란드인의 자긍심

핀란드인은 '핀란드에 태어난 것은 복권에 당첨된 것과 같다'는
말을 즐겨 한다. 그들은 핀란드인이라는 사실을 자랑스러워하
며, 자신의 조국에 충성한다. 그렇다고 해서 그들이 사랑하는
조국에 관한 유머가 없는 것은 아니다. 만화 『핀란드인의 악
몽』과 로만 샤츠의 책 『내가 사랑하는 핀란드로부터』나 SNS
에서 핀란드를 풍자적으로 묘사한 '아주 핀란드적인 문제들'을
읽어보자. 핀란드인은 조국을 사랑하지만, 핀란드를 놀리면서
즐거워하기도 한다.

　핀란드인은 겨울의 매서운 추위를 피하기 위해 여행을 떠나
는 것을 좋아하지만, 대부분은 집으로 돌아온 걸 행복해한다.
추운 날씨에 도시에서 갈 데가 어디 있으며, 소나무 숲 한가운

데서 갈 데가 어디 있을까! 핀란드가 아니라면 꽁꽁 얼어붙은 사이마 호수나 페이엔네 호수에서 스키를 탈 수 있을까? 핀란드 가정은 해안가에서 흰 송어 튀김 '무이쿠'를 즐길 수 있고, 여름철에는 같은 곳에서 칼리아 맥주를 마실 수 있다. 핀란드가 아니라면 사방에서 핀란드어를 들을 수 있는 곳이 어디 있으랴! 가끔은 따뜻한 지역으로 여행을 가서 다른 문화를 직접 경험하고, 외국의 해안을 즐기기 좋을 수도 있지만, 핀란드가 집이고, 집에 가면 늘 행복하다.

그러나 핀란드인은 외국인 관광객이나 이주민, 해외에서 돌아온 핀란드인들이 자신들만큼 핀란드 생활을 즐거워한다는 말을 듣는 것을 좋아한다. 핀란드에서 지내는 동안 "핀란드는 어때요?", "핀란드에는 왜 왔어요?", "살미아키는 맛있던가요?"와 같은 질문들을 듣게 될 것이다. 핀란드인은 겸손해서 "세상에서 이렇게 작은 북유럽 구석에 온 이유가 뭔가요, 어떻게 살미아키를 좋아할 수 있죠?"와 같은 반응을 보일 수도 있다. 하지만 여러분이 어떻게 대답하든지 그들은 자부심과 기쁨을 느낄 것이다. 결국 여러분이 핀란드에 관심이 있다는 사실은 핀란드는 대단하고 아름다운 나라이며 살미아키는 맛있다는 그들이 이미 잘 아는 사실을 다시 한 번 확인시켜주는 것에 불과하다.

핀란드인은 『칼레발라』와 그 속에 등장하는 영웅들을 자랑스러워한다. 그들은 독특하고 어려운 핀란드어를 자랑스러워하며, 핀란드어는 J. R. R. 톨킨의 엘프어의 모태가 된 여러 언어 중 하나이다. 핀란드인들은 핀란드계 영화배우나 노키아와 같은 대기업의 세계적인 인지도를 자랑스러워한다. 다시 말해, 핀란드인은 다른 나라들이 그들의 강점을 인정해주는 것을 즐긴다. 지난 100여 년간 핀란드는 스스로 정말 잘 해냈기 때문이다.

최근 들어, 핀란드인은 자국의 훌륭한 교육을 상당히 자랑스러워한다. 2006년 이후로 핀란드는 계속해서 국제학업성취도평가PISA 순위에서 최상위권을 차지했는데, 이는 핀란드 교육이 특별하다는 사실을 보여준다. 전 세계 교사들과 연구자들은 교육 정책과 교육 방법을 개선할 힌트를 얻기 위해 핀란드 국립교육과정을 계속해서 참조한다.

핀란드는 규제의 나라이기도 하다. 핀란드 사회는 명확한 규칙과 기대의 결과로 잘 운영되고 있지만, 일부 문제도 있다. 규칙을 열심히 지키는 것은 가볍게 보면 성가신 정도지만, 나쁘게 보면 삶의 흐름을 방해할 수도 있다. 여러분이 어떤 일을 하고 싶을 때, "우리에게는 실용적인 규칙이 있어요" 혹은 "규칙이 그래요"라는 말을 듣게 될 수도 있다. 그러나 규칙을 지키는 성향에는 장점이 있다. 정부와 관료주의에서 부패를 찾을 수 없는 이유이기도 하다.

민주주의

핀란드는 혼합형 경제 국가이자 공화국이며, 의회와 총리(정부의 수반)와 대통령(국가의 수반이자 군 통수권자)이 있다. 현재 핀란드 사회는 능력주의와 복지국가 사이에 존재하며, 경력을 발전시킬 기회와 사회 보장권을 제공하고 있다. 이는 높은 투표율, 강력한 집단 협상권, 교육을 받을 수 있는 보편적 권리, 기업가 정신을 통해 가능하다.

핀란드 정치는 몇 개의 주요 정당으로 구성되어 있으며, 그 중 큰 정당으로는 중앙당과 국민연합당, 사회민주당, 핀란드인당이 있다.

핀란드인에게 민주주의란 자유와 책임을 의미한다. 이들은 의식 있는 시민으로 민주주의적 의무를 중요하게 생각하며,

변화는 행동에서 나온다고 생각한다. 핀란드 노동자의 노조 가입률은 80%에 달할 정도로 높다. 임금 단체 협상은 중앙노조 SAK와 주요 기업이 진행한다. 임금 인상 등 기본적인 합의에 도달하면, 개별 노조가 세부 사항에 대해 협상한다.

민주주의의 일부로 능력주의가 포함되어 있다. 태생적 권리가 아닌 개인의 성과로 사회 계층의 사다리를 올라간다. 계층의 사다리를 올라가는 열쇠는 교육이며, 모든 사람은 교육을 받을 동등한 기회를 얻는다. 핀란드는 계급이 없는 사회이다. 1980년대 여피 시대 이후, 대부분의 핀란드인이 눈살을 찌푸리게 하는 화려한 생활 스타일을 공개적으로 드러내는 신흥 부자층이 생겨났다. 그러나 사람들은 남의 수입을 알고 싶어 하며, 매년 발표되는 최고 소득자와 납세자 목록을 알고 싶어 한다. 복권에 당첨된 핀란드인 대부분은 익명으로 남길 원한다.

스웨덴의 지배를 받던 시절의 특징인 귀족주의는 과거의 산물이지만, 영주의 저택은 여전히 남아있으며, 그들의 가계도도 이어지고 있다. 스웨덴어를 사용하는 소수의 핀란드인은 핀란드어를 사용하는 핀란드인보다 자신이 우월하다고 생각하며, 귀족의 관습을 일부 유지하고 있다. 핀란드인은 다른 나라

헬싱키 중심에 있는 오디 공공 도서관은 핀란드인의 문학을 향한 깊은 애정을 잘 보여준다.

왕족을 열렬히 추종하며, 스웨덴 왕가에서부터 모나코 왕가에 이르기까지 왕족에 관한 기사가 실리면 신문이 잘 팔린다. '신흥 왕족'은 TV 스타와 운동선수, 여성이다.

핀란드인은 독서를 즐기며, 책을 많이 구매한다. 뉴스와 신문을 열렬히 소비하며, 세계 정세와 정치를 잘 알고 있다. 구독자 수가 많은 일간지가 56개나 있으며, 이는 작은 인구에 대비하면 상당히 높은 수치이다. 민주적 의사결정 과정은 정보를 가진 사람들의 손에 달려있다. 학생들은 학생회를 운영하며 어릴 때부터 민주주의를 연습한다. 학부모도 교육의 의사결정에 참여한다. 학생 정치는 여전히 활발하지만, 사람들이 투표에 갈수록 무관심해지고 투표율이 점차 낮아지는 추세에 대해 우려가 커지고 있다. 반면, 단일 현안 운동에 대한 관심은 점차 높아지고 있다. 예를 들어, 젊은 핀란드인은 특히 환경 문제에 적극적이다.

평등

핀란드 헌법은 남성과 여성의 평등권을 비롯해 모든 시민에게 평등권을 보장한다. 다른 북유럽 국가들처럼 핀란드는 세계에서 양성평등이 가장 잘 이루어진 나라로 자주 인용된다. 여성 공직자 수가 비교적 많으며, 그중 타르야 할로넨은 세계적으로 가장 잘 알려진 사례일 것이다. 타르야 할로넨은 외무부 장관을 수년간 역임한 후, 2000년에 핀란드 최초의 여성 대통령이 되었다.

그러나 완전한 양성평등은 여전히 이상향으로 남아있다. 평등한 임금은 아직 실현되지 않았으며, 여전히 핀란드 여성은 남성과 비교해 임금이 20% 낮다. 이러한 단점이 있는데도 핀란드 여성은 이상적인 시수를 발휘하고 있다. 핀란드 여성은 일반적으로 교육 수준이 높고 경제적으로 독립적이다. 다른 유럽 국가들과 마찬가지로, 핀란드 여성은 직업을 갖고 경제적 독립을 이루는 것을 당연하게 생각한다. 그러나 높은 수준의 교육과 기회가 주어짐에도 불구하고 핀란드가 완전한 양성평등에 도달하기까지는 갈 길이 멀다.

여성 폭력에 관한 통계 수치는 불편함을 야기한다. 이주민 남성과 비교해도 이주민 여성의 실업률이 매우 높은 것이 사실이다. 핀란드 여성은 가정 밖에서 높은 수준의 평등권을 오랫동안 누려왔지만, 부부간 성폭력은 1994년이 되어서야 처벌 대상이 되었다. 핀란드 여성들은 평등권을 누리고 있지만, 서구 세계의 관점에서 성차별적인 요소들이 핀란드인의 삶에 여전히 존재한다.

정직

수년간 핀란드는 정치 부패 측면에서 상당히 순위가 낮았다. 예를 들어 국제투명성기구가 2018년 발표한 국가별 부패인식

지수에 따르면, 핀란드는 세계에서 가장 부패가 낮은 국가 3위를 차지했다. 이 기록에서 일부 부끄러운 사례를 제외하면, 핀란드 정부는 정직성 면에서 명망이 높다.

핀란드 사회는 전반적으로 정직한 것으로 알려져 있다. 정직함과 솔직함은 중요한 가치로 핀란드인과의 교류에서 잘 드러날 것이다. 핀란드인이 서로를 높이 신뢰한다는 점에서도 잘 드러난다. 예를 들어, 한동안 귀중품조차 때로는 그냥 두는 걸 걱정하지 않는다는 사실을 알게 될 것이다. 단, 자전거는 예외다. 핀란드에서 자전거를 가지고 있다면, 자리를 비울 때는 항상 잠금장치를 잘하기를 바란다.

그러나 완전하게 솔직한 모습이 일상 비즈니스나 사회적 관계까지 확장되지는 않는다. 핀란드 여러 지역에서 특히나 다른 사람과의 관계에서 핀란드인은 대놓고 말하기보다는 조심스럽게 예의 바르게 말할 가능성이 크다. 즉, 핀란드인은 여러분의 업무를 솔직하게 평가하거나 새로운 헤어 스타일에 대한 자기 생각을 솔직하게 말하지 않을 것이다.

공동체 정신

핀란드 생활은 여러 면에서 공동체 정신이 강하다. 이 때문에 세율이 높지만, 핀란드인은 비교적 포괄적인 복지국가를 통해 사회와 서로를 지지한다. 사실상 의료, 실업수당, 교육이 무상이거나 비용이 매우 낮은 수준이라는 것을 의미한다. 핀란드 국민에 제공하는 모든 복지 혜택은 일종의 권리로 받아들이고 있다. 그러나 긴축 재정 정책과 높은 세금에 대한 저항이 커지면서 복지 혜택이 조금씩 줄어들기 시작했다.

그렇지만 여전히 핀란드인의 공동체 의식은 건축을 하거나, 집을 새로 단장하거나, 정원 일을 할 때 이웃과 친구들이 서로 도와주는 '탈코트('탈코트요'의 줄임말로 '자원봉사'를 뜻한다)'와 같은 전통에서 찾을 수 있다. 이런 전통은 삶이 힘겨웠던 핀란드 근대화 이전 시기로 거슬러 올라간다. 탈코트에 참여하면, 맥주나 음식을 얻거나 좋은 동료와 성취감을 느끼게 될 것이다. 공동체 정신과 서로에 대한 책임감은 핀란드 사회의 중요한 축으로, 축제와 행사 등 많은 지역 사회 사업은 자원봉사자 덕분에 개최될 수 있다는 점을 알게 될 것이다.

인간관계

핀란드인은 자신들의 내향적인 면을 자랑스러워한다. 웹툰 〈핀란드인의 악몽〉을 보면, 극단적으로 코믹하게 그리긴 했지만, 핀란드인의 평상시 인간관계를 알 수 있을 것이다. 전 세계적으로 내성적인 사람들은 자신이 주인공 '마티'와 같다고 생각한다. 마티는 낯선 사람과 엘리베이터를 같이 타지 못하며, 소소한 대화에도 참여하지 못하는 등의 행동을 한다.『뉴욕타임스』기사에 따르면, 내성적인 중국인은 마티를 일종의 마스코트처럼 받아들였고, 중국어로 '징펜', 즉 '정신은 핀란드 사람'이라는 용어를 만들었다. 비록 마티는 하나의 고정관념 같지만, 핀란드인의 자화상이기도 하다.

그에 못지않게 핀란드인은 우정을 자랑스럽게 생각한다. 핀란드인과 친해지면 받게 되는 보상과도 같다. 물론 핀란드인의 진정한 친

밖에 나가고 싶은데, 복도에 이웃이 있다.

구가 되길 바란다면, 핀란드어를 조금 배우는 것도 좋다. 대부분의 핀란드인은 영어를 완벽하게 하지만, 핀란드어를 몇 단어 배워둔다면 친구를 사귀는 데 큰 도움이 될 것이다. 핀란드어는 배우기 어렵지만, 아예 불가능한 일은 아니다.

핀란드에서 이혼율은 비교적 높은 편이지만, 사랑이나 인간관계가 부족해서가 아니다. 사람들은 클럽이나 모임, 운동, 외국어 수업과 인터넷을 통해 사람들을 만난다. 외롭다면, 이런 방법들을 활용해보자. 수줍음이 많거나 내성적인 성격이라면, 〈핀란드인의 악몽〉에 나오는 마티를 기억하자. 그러면 핀란드에서의 생활이 편안하게 느껴질 것이다.

교회와 종교

핀란드는 종교 색채가 강한 나라는 아니지만, 복음주의 루터교와 핀란드 정교회라는 2개의 국교가 있다. 핀란드인의 약 70%는 루터교에 속하며, 지난 10년간 루터교 신도 수는 10%가량 줄어들었다. 핀란드인 중 불과 1%만 정교회 신도이다. 지방정부에 따라 다르지만, 루터교와 정교회 신도는 소득 기준

핀란드 루터교의 대주교석이 있는 투르쿠 성당 내부

으로 교회세를 1~2% 내야만 하는데, 이 교회세가 기존의 신도들이 신앙을 접는 주된 이유로 꼽힌다. 교회를 떠나는 또 다른 이유로는 성 소수자의 권리에 대한 교회의 모호한 태도를 들 수 있다. 일부 교회 지도자들은 성 소수자이지만, 핀란드 루터교는 성 소수자에 대한 지지를 주저하는 반면, 스웨덴이나 노르웨이, 덴마크와 같은 이웃 국가의 루터교는 성 소수자에 대해 지지를 표명했다.

신도 수가 줄어들기는 했지만, 루터교는 핀란드인의 삶에 중요한 제도로 남아있다. 비신도에게도 무료 결혼 상담과 같은 서비스를 제공하며, 핀란드인의 상당수는 교회에서 세례, 결혼, 장례를 치른다. 일요일에 신도석을 채우는 신도 수가 점점 줄어들긴 했지만, 상당수의 핀란드인은 살면서 중요한 기념일에는 교회를 찾는다.

외국인을 대하는 태도

많은 핀란드인은 개방적이고, 친근하며, 여러분이 누구이며 어디에서 왔는지 관심이 있다는 사실을 알게 될 것이다. 그러나 이민의 역사가 비교적 짧은 단일문화권인 핀란드에서 관광객과 이민자들은 때로는 불편한 상황에 부닥친다. 예를 들어, 외모가 달라서 쳐다볼 수 있지만, 일반적으로는 적대감이 아닌 호기심에서 쳐다본다. 그러나 대부분의 나라처럼 인종차별이 있으며, 인종차별성 폭력 사건이 몇 건 발생했다. 핀란드인 대부분은 인종차별과 외국인혐오증을 비난한다.

장기 체류자나 난민이 핀란드로 영구 이주할 때, 핀란드에 잘 통합될 수 있도록 이들에게 이민 계획을 제공한다. 이민 계획에는 보통 핀란드어 집중 프로그램과 직업교육이 포함되어 있다. 단기 체류자는 포괄적인 사회 통합 계획이 필요 없으므로 이런 서비스를 제공하지 않는다.

03

문화와 전통

핀란드에서 여름은 소중한 시간이다. 여름은 짧지만, 햇볕이 가득하며 아름답기 때문에, 이 시기에 수백 개의 야외 축제와 행사가 핀란드 전역에서 개최된다. 음악, 연극, 민속 축제, 시, 댄스, 비주얼 아트 축제와 조정에서부터 아내 들고 달리기 대회에 이르기까지 수백 개의 스 포츠 경기가 펼쳐진다.

국경일

공공건물 앞에 핀란드 국기가 휘날리는 모습을 보게 되면, 그 날은 특별한 날이라는 것을 알 수 있다. 모든 핀란드 공휴일은 국기 게양일이다. 그러나 5월 둘째 주 일요일 '어머니의 날'처럼 공휴일은 아니지만, 국기를 게양하는 날도 있다. 국경일 대부분은 기독교에서 유래했다. 그러나 겨울의 끝을 알리는 노동절이나 하지절처럼 절기와 연관된 국경일도 있다.

【 주현절 】

주현절(1월 6일)은 공휴일로 크리스마스의 끝을 공식적으로 알린다. 교회 밖에서 주현절과 관련된 특별한 행사는 없다. 대부분의 사람은 이날 크리스마스트리를 치운다.

【 성금요일과 부활절 】

부활절을 축하하는 일부 풍습은 정교회의 전통에서 유래한 것도 있지만, 성금요일과 부활절은 서양 교회력을 따른다. 종려주일(핀란드 서부 지역의 부활절 직전 일요일)에 아이들은 마녀 복장을 하고 집집마다 돌아다니며 어른들의 건강을 기원하며 버드

나무 가지 장식을 주고 초콜릿을 받는다. 이 전통은 부활절 전에 악령과 마녀가 길거리를 돌아다닌다고 믿던 시절로 거슬러 올라간다.

　전통적인 핀란드 부활절 간식인 '맴미'는 정교회 전통에 따라 사순절의 끝을 기념하면서 달콤한 푸딩 '파샤'와 함께 먹는다. 핀란드인은 부활절에 집을 장식하며, 새로운 경작기를 상징하기 위해 접시에 풀을 심는 전통이 있다. 주님 승천 대축일과 성령강림절도 공휴일이며, 부활절에 따라 날짜가 달라진다.

【 루네베리의 날 】

2월 5일은 핀란드의 국민시인 요한 루드비그 루네베리의 탄생일을 기념하며, 그의 이름을 딴 전통 케이크를 먹는다. 루네베리 토르테로 알려진 이 전통 케이크는 원통 모양이고, 꼭대기에 라즈베리 잼과 설탕 가루가 뿌려져 있다.

【 칼레발라의 날 】

핀란드 문화의 날로도 알려진 칼레발라의 날은 2월 28일로, 엘리아스 뢴로트가 구전을 수집해 만든 대서사시 『칼레발라』의 초본에 서명하고 날짜를 기록한 날이다. 『칼레발라』와 핀란드어를 기념하는 많은 행사가 핀란드 전역에서 열린다.

【 세계 여성의 날 】

3월 8일에 핀란드인들은 주변의 여성에게 꽃과 선물을 주면서 여성과 여성의 권리를 축하한다.

【 만우절 】

만우절에는 독자의 순진함을 테스트하는 뉴스 기사를 실으면서 기념한다.

【노동절】

노동절(5월 1일)은 공휴일이다. 긴 겨울의 끝과 노동자의 권리, 사회주의 전통, 학생생활과 고등 교육 등 많은 것을 축하하는 날이다. 축하 행사는 노동절 전날에 시작된다. 보통은 소시지와 감자 샐러드 같은 따뜻한 계절의 음식과 단 도너츠와 퍼널 케이크 같은 디저트를 먹고 맥주와 스파클링 와인을 많이 마신다.

활기 넘치는 지역 음주 축제로 풍선, 웃긴 모자, 시끌벅적한

즐거운 노동절 축제 때 흰색 모자를 쓴 졸업생들

소음이 어우러진다. 전통적으로 노동절은 공식적으로 봄의 시작을 알리는 날로 원래는 5월 14일 플로라데이에 기념했다. 지역 합창단이 오전에 노래를 불러 봄의 시작을 알리며, 정치 및 노동조합 활동가들은 마을 행진과 정치 집회를 조직한다. 대학 졸업생은 북유럽 스타일의 흰색 학생 모자를 쓰는 전통이 있다. 레스토랑에서 즐기는 점심식사는 노동절의 또 다른 풍습으로 메뉴에 절인 생선이 많아 전날 밤의 숙취를 해소할 수 있다.

【 하지절 】

하지절은 6월 21일에 가장 가까운 토요일로, 1년 중 낮의 길이가 가장 긴 날이다. 하지절은 매년 핀란드 북부 지방에 해가 지지 않고 먼 남부 지방의 하늘은 푸르고 붉은빛이 도는 땅거미가 진 백야를 기념한다. 하지절의 마법은 이교도의 풍작을 기원하는 의식에 뿌리를 두고 있지만, 길고 어두운 겨울이 끝난 뒤의 따뜻한 날씨와 밝은 빛을 축하하는 의미도 있다. 노동절과 달리 하지절은 주로 시골에서 축하한다. 하지절 전날에는 숲속의 호숫가 별장을 향해 마을과 도시를 벗어나는 대탈출이 벌어진다. 헬싱키조차 조용해질 수 있지만, 세우라사리

여름의 태양빛을 쬐며 하지절 모닥불의 즐거운 광경을 바라보고 있다.

야외 박물관 지역에는 모닥불과 함께 하는 전통축제가 열린
다. 비종교적인 여느 핀란드 축제처럼 보통 더운 사우나의 열
기 속이나 호숫가에서 술을 많이 마신다.

【 성인의 날 】

성인의 날은 11월 첫 번째 주말이다. 이날 핀란드인은 가족, 친
지와 조상의 무덤에 촛불을 밝혀서 죽은 사람을 기린다. 어두
운 11월 밤은 촛불의 바다로 아름다운 장관을 연출한다.

【 독립기념일 】

12월 6일은 100년이 넘게 핀란드를 지배하던 러시아로부터 1917년 독립한 것을 기념하는 날이다. 이날에는 보통 엄숙하고 애국적인 분위기로 지내며, 핀란드인은 자신의 조국에 감사를 표한다.

　매년 대통령 관저에서 진행되는 사열식이 TV로 생중계되며, 각계각층의 핀란드 유명 인사들이 격식에 맞게 옷을 차려입고 참석한다. 언론에서는 모든 각도에서 축하 행사를 보도하지만, 특히 패션을 집중적으로 보도한다(이 행사는 핀란드의 오스카 시상식과 같다).

핀란드 학생들은 독립기념일을 맞이해 행렬에 참여한다.

【 크리스마스 】

크리스마스 시즌에서 가장 중요한 날은 12월 24일 크리스마스 이브이다. 이날 핀란드인은 크리스마스 저녁식사를 즐기며, 보통 로스트 햄, 당근, 감자, 루타바가 캐서롤, 진저케이크와 비스킷, 그리고 뱅쇼(글뤼기)를 먹는다. 일찍 크리스마스 식사를 한 뒤, 핀란드 어린이들은 산타클로스로부터 직접 선물을 받는다! 핀란드 산타는 굴뚝으로 다니지 않으며, 대문으로 걸어 들어온다. 대부분의 가정에 자체적으로 산타가 있기 때문이다. 일반적으로 가족이나 친구가 산타 복장을 하고 그 집의 어린이들에게 선물을 전달한다.

크리스마스날과 박싱데이는 보통은 특별한 행사가 없는 공휴일이다. 대부분의 상점, 레스토랑, 관공서는 크리스마스날에 문을 닫지만, 이제 달라지고 있다. 갈수록 많은 공공장소가 해마다 문을 여는 모습을 보게 될 것이다.

【 새해 전야 】

12월 31일 새해 전야에는 불꽃놀이를 즐기고, 가정이나 야외에서 친구와 사랑하는 사람과 함께 먹고 마시며 파티를 즐기는 큰 축제가 열린다. 이날은 보통 사우나로 하루를 시작하거나 사우나로 하루를 마친다. 오랜 풍습으로 새해 전야에는 많은 사람이 양철 말굽을 녹인다. 이렇게 녹인 양철은 눈이나 물이 담긴 양동이에 부은 뒤 나오는 모양을 촛불로 비쳐 생긴 그림자를 보고 새해의 운세를 점친다.

【새해】

새해 첫날은 공휴일이다. 대통령은 연례 대국민 연설을 하며, 이 연설은 라디오와 TV로 방송된다.

축제

이미 눈치를 챘겠지만, 여름은 핀란드에서 소중한 시간이다. 여름은 짧지만, 햇볕이 가득하며 아름답다(물론 날씨가 좋을 때 이야기다). 여름은 1년 중 특별한 시간이기 때문에, 수백 개의 야외 축제와 행사가 핀란드 전역에서 개최된다. 음악, 연극, 민속 축제, 시, 댄스, 비주얼 아트 축제와 조정에서부터 아내 들고 달리기 대회에 이르기까지 수백 개의 스포츠 경기가 펼쳐진다. 대부분의 지방 도시는 연간 1회 이상 음악 축제를 조직하

아내를 사랑하는가? 그렇다면 아내를 어깨에 올리고 한 시간 동안 진행되는 장애물 대회에 참가해보라.

며, 잘 알려진 축제도 일부 있어서, 전 세계에서 핀란드의 음악 축제를 구경하러 사람들이 방문한다. 사본린나의 오페라, 포리의 재즈, 카우스티넨의 민속음악, 세이네요키의 탱고, 요엔수의 록, 쿠모의 실내악까지 다양하다.

그림같이 아름다운 호숫가 마을 사본린나에서 열리는 오페라 축제는 세계적으로 알려져 있으며, 유명한 오페라 가수들이 참가한다. 핀란드 오페라 가수와 해외 오페라 가수들은 마을 중심에 있는 섬에 자리한 중세 시대의 올라빈린나 성에서

음악가들이 카우스티넨 포크 뮤직 페스티벌에서 공연한다.

공연한다. 새로운 오페라의 초연을 보기 위해 매년 오페라 팬과 마을 사람들이 모여든다. 사본린나에서는 하지절 전야에 호수를 내려다보는 무이쿠 테라스에서 그 마을의 특산물인 흰 송어 튀김을 즐기거나, 오페라에서 본 가수들과 함께 오페라켈라리에서 다섯 코스로 만찬을 즐길 수 있다.

포리 재즈 페스티벌은 작고한 마일스 데이비스, 허비 행콕, 맨하탄 트랜스퍼와 같은 세계적인 아티스트들이 참가했다. 이 페스티벌에서는 재즈만 공연하지는 않는다. 밥 딜런, 스티비 원더, 앨리샤 키스, 비비 킹처럼 재즈 이외의 장르 가수들도 대거 참여한다. 포리 재즈 페스티벌에서는 거의 모든 사람이 즐길 수 있는 다양한 장르의 음악을 접할 수 있다. 바로 이 점이 핀란드에서 가장 오래되고 가장 많은 관객이 동원되는 축제로 자리잡은 이유일 것이다.

외국 문화 평론가들은 감정 표현을 하지 않고 심지어 어두운 핀란드의 문화와 핀란드의 탱고 사랑이 어울리지 않는다고 종종 평가한다. 그러나 핀란드인은 아르헨티나 춤에 핀란드 색을 입혀 핀란드만의 춤으로 바꾸었다. 핀란드 탱고는 거의 항상 단조로만 작곡해 시수의 구슬픈 느낌이 든다. 이유야 어떻든 핀란드인은 탱고에 맞춰 춤을 즐기며, 따라서 세이네요키의 탱고 페스티벌은 인기 있는 행사이다. 주로 댄스 경연 대회로 구성되지만, 핀란드 문화의 별난 면을 즐기는 축제이기도 하다.

북부 카렐리안 도시 요엔수에서 개최되는 일로사리록은 다양한 록 음악이 어우러져 화려한 야외 음악 페스티벌을 장식한다. 일로사리록에는 이매진 드래곤스, 포티쉐드, 에이펙스 트윈, 뮤즈, 핀란드의 심포닉 메탈 밴드 나이트위시와 같은 아티스트가 참석했다. 일반적으로 이 페스티벌은 핀란드 여름 날씨가 제일 좋은 7월 두 번째 주말에 열린다. 록 팬이며 여러 날에 걸쳐 열리는 야외 페스티벌을 좋아한다면, 꼭 방문해보자.

핀란드 첼리스트 세포 키마넨과 일본인 아내 요시코 아라이가 시작한 쿠모 실내악 페스티벌은 세계 최고의 실내악 페스티벌 중 하나이다. 핀란드의 북동쪽에 있는 작은 마을 쿠모에서 자원봉사자들이 진행한다. 매년 다른 주제로 열리며, 낡은 학교에서 교회에 이르기까지 다양한 장소에서 9일 밤낮으로 200회 이상의 콘서트가 열린다. 1980년대 중반에 재능 있는 소련 피아니스트 빅토리아 몰로바가 쿠모에서 연주하다가 서방으로 망명하면서 이 페스티벌이 세계적으로 유명해졌다.

가족 기념일과 통과의례

관습적인 통과의례는 가정과 지역에 따라 다양하다. 그렇지만 보편적인 전통도 많이 있다.

세속주의가 확산하고 있지만, 여전히 핀란드인 대다수는 생후 2개월이 되면 세례식을 하며, 세례식에서 부모는 아이의 이름을 공개한다. 전통적으로 아이에게 이름을 최소한 2개는 지어주며, 두 번째 이름은 가족의 이름일 경우가 많다. 특별한 '이름' 달력에 따라 대부분의 이름은 1년 중 특정일과 관련되어 있다. 대부분은 이 달력에서 이름을 선택하기 때문에, 아이에게 축하할 '네임데이'를 준다.

핀란드에서는 보편적으로 네임데이를 축하한다. 네임데이에는 가까운 친구와 가족으로부터 선물과 축하 카드, 문자 메시지를 받거나 페이스북에 축하 글이 올라온다. 자신의 네임데이를 축하하기 위해 케이크나 사탕을 직장에 가져가 동료들과 나눠 먹기도 한다.

이와 비슷하게 대부분의 사람은 자신의 생일을 축하하기도 한다. 핀란드인은 '생일 주인공'에게 '생일 축하 노래'를 부르며, 달콤한 음식을 먹는다. 핀란드 문화에서 중요한 나이는 보통 18세와 50세다. 18세는 법적으로 음주가 허용되는 나이기 때문에, 18세 생일이 지나면 술집 순례를 하고 클럽에 가는 등 핀란드 음주 문화를 접하게 된다. 반대로 50세 생일에는 장수를 축하하고, 건강을 기원한다. 개인의 취향에 따라 50세 생일 파티는 와인을 마신 다음 이어서 코냑이나 리큐어와 함께 만찬을 즐기며 생일 케이크를 먹는 등 규모가 크고 화려하게 할 수도 있다.

세례식과 견진성사를 통해 대다수의 핀란드인은 루터교의 교인이 된다. 견진성사는 보통 14세에 거행되며, 견진성사 학교나 캠프를 통해 견진성사를 받은 뒤, 성찬식이 거행된다. 가족은 파티를 열고 대부와 대모가 참석한다. 핀란드 사회는 점차 세속적으로 변하지만, 대부분은 교회에서 결혼한다. 성대한 결혼식이 유행이다. 결혼 전에 신부와 신랑을 위한 파티가 따로 열린다. 보통은 옷을 차려입고 제일 친한 친구들이 계획한 파티를 하며, 미혼의 끝을 축하한다. 다른 대부분의 서양 문화와 마찬가지로, 이러한 행사에서는 술이 주인공이다.

5월 둘째 일요일인 어머니의 날과 11월 둘째 일요일인 아버지의 날은 자녀들의 인생을 위한 부모님의 헌신에 감사드리는 날이다. 2월 14일 밸런타인데이는 로맨틱한 휴일이 아니다. 핀란드에서는 우정의 날로 불리며, 자신의 삶에 중요한 사람에게 그들을 얼마나 소중하게 생각하는지를 보여줄 수 있는 완벽한 날이다.

고등학교 3학년 학생들은 대입 준비를 위해 학교를 떠나며, 2학년 학생들은 옷을 잘 차려입고 파트너와 함께 파티에 참석한다. 이날은 선배의 날(반호엔빠이바)이라 불린다. 학교를 떠나는 3학년 학생들은 학교와 교육을 조롱하는 문구의 현수막을 단 꽃수레를 타고 광대, 정치인, 인상적인 영화 캐릭터 등의 복장을 한 뒤 거리에 사탕을 던지며 마을을 돌아다닌다. 마을 사

선배의 날 축하 무도회로 일반적인 학생 파티와는 다르다.

람들은 그들이 학교를 졸업한다는 사실을 알게 된다. 펜킨파이나야이세트라 불리는 이 행사는 '마지막으로 학교 벤치에 앉는다'라는 의미이다. 그러나 요즘은 '펜카리트(벤치)'라고 짧게 부른다.

고등학교 졸업식은 학교에서 이루어지며, 졸업식이 끝나면 가족과 파티를 한 뒤 졸업생들과 친구들과 함께 음식점으로 자리를 옮긴다. 더 이상 학교 친구들과 매일 만나지 못하는 것은 가슴 아프지만, 파티 손님들에게 받는 흰 장미와 그들을 기다리는 미래를 생각하며 위안을 얻는다.

04

친구 사귀기

핀란드인과 친해지기란 정말 어렵다. 그들은 잡담을 좋아하지 않으며, 특히 영어로 하는 잡담을 즐기지 않는다. 그러나 핀란드인 친구를 사귀면, 평생 친구가 될 것이다. 이제 막 사귄 핀란드인 친구와의 우정이 얼마나 오래갈지 알게 되면 놀랄지도 모른다. 그러나 노력하면 즐거울 때나 힘들 때나 언제나 기댈 수 있는 충실한 친구가 되어줄 것이다.

핀란드인과 친해지기란 정말 어렵다. 그들은 잡담을 좋아하지 않으며, 특히 영어로 하는 잡담을 즐기지 않는다. 그러나 핀란드인 친구를 사귀면, 평생 친구가 될 것이다. 이제 막 사귄 핀란드인 친구와의 우정이 얼마나 오래갈지 알게 되면 놀랄지도 모른다. 그러나 노력하면 즐거울 때나 힘들 때나 언제나 기댈 수 있는 충실한 친구가 되어줄 것이다.

핀란드 친구나 동료의 마음을 얻기 어려울 수도 있다. 핀란드인은 영어를 잘하지만, 영어로 대화하는 걸 선호하지는 않는다. 따라서 기본적인 핀란드어를 배워두면 크게 도움이 된다. 핀란드인은 외국인이 그들의 문화를 배우려는 모습을 좋아하

므로, 기본적인 핀란드어를 배우면 핀란드 친구를 사귀는 첫 걸음이 될 것이다.

그러나 핀란드인과 친구가 되기 힘들다면, 그들에게 술을 한 잔 사주자. 어쩌면 두 잔, 석 잔이 필요할 수도 있다. 술은 핀란드인의 사회적 과묵함을 녹이며 그들의 마음을 열 수 있다.

초대

핀란드인의 손님 접대는 커피로 시작해서 커피로 끝난다. 핀란드인의 초대를 받아서 그들의 집을 방문하면, 이미 커피를 준비했거나, 준비하는 중일 것이다. 초대한 손님의 나이와 성별에 따라 커피와 함께 먹을 풀라(스위트 번)나 케이크도 대접할 것이다. 커피를 마시면서 담소를 나누는 것, 이것이 핀란드인의 손님 접대 방식이다.

핀란드인은 하지절에 뫼키(여름 오두막)에서 지내는 것과 같은 핀란드만의 경험을 선사하길 원할 수도 있다. 핀란드인의 초대에 응하게 되면, 호숫가의 커다란 나무 아래에서 정취를 느끼는 자신을 발견하게 될 것이다. 사우나가 따뜻해지는 동안, 그

릴에 굽고 있는 소시지 향이 나 나무 향을 맡게 될 것이다.

　햇살이 핀란드 호수 위로 반짝이는 아름다운 풍경과 여러분을 초대한 핀란드인 주인을 들뜨게 만드는 가벼운 여름 분위기를 느낄 수 있을 것이다. 사우나의 더운 열기에 긴장이 풀렸다가 호수에서 수

영을 하면 정신이 번쩍 들 것이다. 식욕이 돌면서 소시지에 샐러드와 감자를 곁들여 먹은 다음 풀라와 커피를 즐기게 된다. 이미 맥주나 코스켄코르바(핀란드식 보드카 브랜드)를 마셨다면, 여름날의 들뜬 기분도 같이 느끼게 될 것이다. 하늘에 걸린 태양이나 밤새 지평선 끝에 걸쳐진 태양을 보면, 전기와 수도 같은 현대식 편의 시설이 불필요한 사치품처럼 느껴질 것이다. 이 역시 핀란드식 환대의 모습이다.

여러분이 만나는 핀란드인은 자신이 가장 좋아하는 레스토랑으로 여러분을 데려가고 싶어 할 것이다. 그들이 초대했다면, 십중팔구 음식값을 내려 할 것이다. 여러분이 핀란드인을 식사에 초대할 경우에는 음식값을 낼 준비를 하자. 같이 하기로 약속한 식사이고, 초대한 사람과 초대받은 사람이 명확하지 않으면 음식값을 똑같이 나누어서 내야 한다. 남녀에 상관없이 이 원칙이 적용된다. 이것이 바로 핀란드식 평등이다.

추가 설명을 하자면, 제일 친한 친구와 가족의 집은 사전에 약속하지 않아도 찾아갈 수 있다. 아니면 전화 정도만 미리 하고 찾아갈 수 있다. 하지만 그렇지 않다면 핀란드인의 집을 찾아갈 때는 반드시 사전에 연락하자.

대화와 문화

핀란드인에 대한 고정관념과는 달리, 많은 핀란드인은 대화를 좋아한다. 시장의 커피숍에 앉아 있으면, 특히 여름철에는 주위에서 들리는 대화와 웃음 소리로 활기가 돌 것이다. 겨울철에는 대부분의 사람이 실내로 바삐 들어가거나 오랫동안 발걸음을 멈추고 대화를 하지 않는다는 사실이 놀랍지 않다.

말수가 없고, 말을 많이 하면 짜증을 낸다는 핀란드인을 둘러싼 소문은 잘못된 오해이다. 어쩌면 외국인은 침묵을 좋아하지 않기 때문에 그렇게 생각할 수 있다. 비교적 느린 속도로 대화가 진행되며, 대화 중에 침묵의 순간도 있다. 핀란드인들은 이런 순간을 불편하게 생각하지 않는다.

핀란드인의 일반적인 분위기는 우울해 보일 수도 있지만, 그들은 친구들과 함께 있으면 웃거나 농담을 하거나 재미있는 이야기를 주고받는 것을 좋아한다. 물론 지역마다 차이가 클 수도 있다. 예를 들어, 동부 지역의 사보와 카렐리아 사람들은 서부 지역의 사람들보다 말을 더 많이 한다. 고향이 어디든, 핀란드인은 자신의 삶과 주변 사람들, 세상사에 관해 이야기하기를 좋아한다. 호숫가는 여름밤 사우나를 마치고 호수 물에 발을 담근 채 가끔 침묵이 흐르는 대화를 나누기 가장 좋은 장소이다. 대화 중 침묵이 흐르는 것은 할 말이 없다는 의미가 아니라, 주변의 아름다움에 감탄하거나 그 광경을 음미한다는 것을 뜻한다. 침묵이 흐른다고 해서 견딜 수 없을 정도로 침묵이 계속되는 것도 아니다. 핀란드인은 술을 마시면 편하게 말을 한다.

많은 핀란드인은 스포츠를 주제로 대화하기 좋아한다. 인기 있는 사람이 되고 싶다면, 아이스하키나 해외에서 활동하는 핀란드 축구선수나 모터스포츠에서 두각을 나타내는 핀란드 스포츠인에 관심을 가져보자. 단, 핀란드가 스웨덴에 진 부끄러운 경기 이야기는 하지 말자.

스탠드업 코미디가 점차 인기를 얻고 있다. 예를 들어, 이스모 레이콜라는 핀란드인 스탠드업 코미디언으로 2014년 할리우드에 있는 래프 팩토리에서 '세계에서 가장 웃긴 사람'이라는 타이틀을 거머쥔 뒤에 코미디계를 휩쓸었다. 레이콜라의 유머는 재미있고 일상을 관찰해, 관용적인 표현이나 일반적으로 사용되는 단어의 특이하고 이상한 점을 소재로 하는 경우가 많다.

그러나 대부분의 핀란드인은 눈에 띄는 것을 원하지 않는다. 이런 수줍음이 공공장소에서 조용함이 유지되는 이유이다. 공공장소에서 시끄럽게 떠드는 사람을 보면 인상을 찌푸리거나 술에 취했다고 생각한다. 그러나 핀란드인도 휴대전화로 통화할 때는 큰 목소리로 대화한다는 사실을 이미 눈치챘을지 모른다.

격식과 비격식

핀란드인은 보통 옷차림이나 풍습에서 격식을 차리지 않는 편이다. 핀란드인의 일상적인 옷차림은 운동복이다. 공식적인 옷차림이나 일요일 옷차림은 매우 절제되어 있다. 핀란드인도 정장을 입을 때가 있지만, 그런 일은 아주 드물다. 핀란드인은 사우나에서든(이 부분은 나중에 다시 이야기하자) 공중 수영장 탈의실에서든 동성 앞에서 옷을 벗는 것을 개의치 않는다. 이미 서로 벗은 모습을 봤기 때문에, 회사나 행사에서 격식 있게 옷을 차려입어야 한다고 생각하지 않는 것일지도 모른다.

핀란드인은 가족이나 동료를 부를 때 이름을 부른다. 과거에는 직함이 중요했지만, 현재는 그다지 중요하지 않다. 사실 많은 사람이 이력서나 업무적인 이유가 아니면 직함을 사용하지 않는다. 헤라(남성 호칭)와 로우바(여성 호칭)는 거의 사용되지 않으며, 아이들은 선생님을 부를 때 이름으로 부른다. 청년층에서는 보다 격식을 차려 행동하려는 움직임이 있는데, 특히 중부 유럽의 사람들과 교류할 때 필요할 수 있기 때문이다. 그러나 핀란드인은 이름을 사용하는 걸 더 편하게 느끼며, 핀란드에서 조금 생활해보면 여러분도 그렇게 느끼게 될 것이다.

술과 오락

술은 핀란드 사회생활의 한 부분으로, 핀란드인은 술을 좋아한다. 핀란드인의 가정에서 커피를 마신다면, 브랜디나 코냑, 리큐어를 권할지도 모른다. 점심식사 때 많은 핀란드인은 술보다는 우유나 피마(버터밀크나 발효유)를 마신다. 업무상 점심식사 자리에서는 동료들과 술을 마시지 않지만, 사회적인 모임이나 업무상 축하 자리에서는 술을 많이 마시기도 한다. 핀란드인은 운전해야 할 때는 술을 마시지 않으며, 이는 임신했거나 약을 복용 중인 경우와 마찬가지로 술을 마시지 않아도 되는 정당한 사유로 받아들인다.

사우나를 하는 동안 또는 사우나를 마친 뒤에 핀란드인은 보통 맥주나 독한 술 한 잔을 접대한다. 핀란드인은 생일이나 결혼식과 같은 축하연에서는 스파클링 와인을 마시지만, 보통 맥주와 보드카도 같이 제공된다.

잘 알겠지만 잦은 음주는 공중 보건상 문제가 될 수 있다. 그러나 세계보건기구는 핀란드가 심각하다고 생각하지는 않는다. 예를 들어, 핀란드는 1인당 술 소비량이 몰도바, 리투아니아, 러시아의 뒤를 이어 세계 18위였다. 핀란드인은 술을 좋아하지만, 잘 알려진 고정관념과는 달리 어쩌면 술을 그렇게 많이 좋아하지 않는 것인지도 모른다.

선물

핀란드인은 절대 빈손으로 남의 집을 방문해서는 안 된다고 배우면서 자랐다. 젊은 세대보다는 나이 든 세대에서 더 보편적이긴 하지만, 가장 일반적인 선물은 꽃다발이다. 꽃이 너무 많이 필요하다 보니, 핀란드에는 필요할 때 금방 아름다운 꽃다발을 만들 수 있는 플로리스트들이 여전히 많다. 다른 일반적인 선물로는 초콜릿(보통 핀란드인이 제일 좋아하는 초콜릿 바 파제르 시나이넨을 가져간다)과 스위트 번(직접 만들거나 가게에서 사기도 한다), 쿠키, 술이 있다. 예쁘거나 달콤하거나 술이 들어간 선물이나 한 번에 이 세 가지를 다 선물하면 좋은 선물로 받아들인다. 핀란드인은 외국에서 가져온 선물을 좋아하며, 여러분의 나라에서 가져온 식품이나 공예품을 선물로 준다면, 아주 마음에 들어 할 것이다.

클럽과 동호회 가입

외국인은 정당을 비롯해 원하는 클럽이나 단체에 가입할 수 있다. 핀란드에서 외롭거나 고독하다면 클럽, 스포츠팀, 체육관, 언어 강좌나 단체에 가입하는 것이 사람들을 만날 수 있는 좋은 방법이다. 핀란드인이 아주 개방적이거나 사교적인 사람들이 아니므로 친구를 사귀려면 약간의 노력이 필요하다. 그렇다고 걱정하지는 말자. 많은 핀란드인도 같은 이유에서 단체를 가입한다. 앞서 말한 단체에 가입하면, 분명 생각이 비슷한 사람들을 만나게 될 것이다.

05

일상생활

핀란드인의 근무시간은 오전 8시부터 9시 반 사이에 시작된다. 대부분의 핀란드인은 아침식사를 하며, 출근 전에 뉴스를 읽고 SNS를 확인한다. 전통적으로 핀란드인은 직장에서 가까운 곳에 살지만, 헬싱키 광역권에서 통근하는 사람들이 많아지고 있다. 많은 사람이 점심식사를 가장 잘 챙겨 먹으며, 저녁식사는 간단히 먹는다. 퇴근 후 저녁시간은 조용하고 편안하게 보낸다.

삶의 질

핀란드인은 높은 삶의 질을 즐긴다. 핀란드는 OECD 회원국 중 삶의 질 부분에서 꾸준히 높은 순위를 차지하는데, 그 이유를 쉽게 알 수 있다. 핀란드의 깨끗한 환경과 빼어나게 아름다운 자연경관과 더불어 레크리에이션과 운동을 할 기회가 많기 때문이다. 핀란드는 복지제도와 사회적 지원이 탄탄하다. 그 결과 사람들이 자신의 꿈을 좇으면서도 기댈 수 있는 사회 안전망이 잘 되어있다. 게다가 핀란드는 안전한 나라이다. 범죄율이 낮아서 사람들은 안전에 대한 걱정이나 두려움 없이 살 수 있다.

핀란드의 높은 삶의 질을 보여주는 예로는 정부가 제공하는 산모 패키지가 있으며, '핀란드 베이비 박스'로도 잘 알려져 있다. 50여 개의 품목이 들어있는 베이비 박스는 1938년 이후로 핀란드의 모든 예비 엄마에게 제공된다. 베이비 박스에는 옷, 재사용 가능한 기저귀, 장난감과 예비 엄마가 아이를 키우는 데 필요한 거의 모든 물품이 들어있다. 또한 베이비 박스 자체도 신생아의 침대로 사용할 수 있다. 해마다 다른 스타일의 아름다운 물품을 선정하는 베이비 박스는 예비 엄마의 기대

감을 높인다. 그러나 변하지 않는 게 한 가지 있다. 바로 베이비 박스에 들어가는 물품의 색상은 성별 구별이 없는 중성적인 색상이라는 점이다.

산모 패키지는 효율적이고 실용적이며 미적으로도 아름답고 넉넉한 인심이 반영된 복지국가 핀란드의 모

습을 가장 잘 보여주는 상징물이다. 물질적으로 모든 핀란드인을 동등한 출발선에서 시작하게 하는 일반적인 방법이기도 하다. 즉, 핀란드에서는 아기가 태어나서 빈손으로 인생을 시작하는 일은 거의 없다.

주거환경

핀란드인의 삶의 질은 핀란드의 우수한 디자인으로 한층 더 높아진다. 핀란드인은 자신의 집과 인테리어에 매우 신경을 많이 쓰며, 편안하고 아름다운 집을 만들기 위해 많은 돈과 노력을 아끼지 않는다. 공공건물도 핀란드 가정집처럼 뛰어난 품질과 아름다움을 자랑한다. 핀란드의 디자인은 세계적으로 유명하며, 건축가 알바르 알토, 해크먼 디자인 그룹, 유리 제품 기업 이딸라, 섬유 대기업 마리메꼬 등이 대중에게 널리 알려져 있다.

핀란드의 겨울은 핀란드 건축의 기준을 결정한다. 겨울철 기온이 낮게는 -30℃로 떨어지는 핀란드에서는 집을 잘 지어야 한다. 과거의 전통적인 목조 주택은 초현대적인 건물로 바

꿰었고, 기능주의 스타일을 주로 따른다. 그러나 1970년대부터 일부 공공건물과 개인 주택의 공기 질이 나쁘다는 보도가 자주 등장했다. 지나치게 습기가 많아 곰팡이가 생겨서 일어난 문제였다. 그 결과, 많은 건물이 대대적인 리모델링을 하거나 철거되었다. 지금도 핀란드는 건축학적으로 중요한 건물은 보호하면서 건강을 위협하는 심각한 문제들을 없애려고 노력하고 있다.

그렇지만 핀란드의 가정집은 일반적으로 건축이 잘 되어 있고 관리도 잘 되어 있다. 주거환경이 확실히 좋다. 주택에 살든, 도심의 아파트에 살든 핀란드인은 짧은 여름철에 앉아서 따뜻한 날씨를 즐길 수 있는 발코니나 테라스가 있는 집을 선호한다. 물가는 높은 편이지만, 핀란드인은 일반적으로 교육 수준이 높아 비교적 높은 임금을 받는다.

레저용 토지, 자전거 전용도로나 교통량이 적은 도로, 운동장을 반영하여 도시 계획을 수립한다. 핀란드의 모든 도시는 자전거를 탈 수 있게 설계되어 있다. 학교와 병원과 건강센터는 현대식 설비를 잘 갖추고 있다.

핀란드 가정

핀란드 가정은 진화하고 있다. 사실 일반적인 핀란드 가정의 모습을 정의하기 힘들다. 그러나 통계학적으로 가장 보편적인 가정은 이성 부부가 결혼해서 함께 거주하는 형태로, 자녀가 있을 수도 있고 없을 수도 있다. 함께 살지만 법적으로 결혼하지 않은 부부가 자녀를 낳거나, 결혼했지만 자녀가 없는 경우도 많다. 연인들은 원하는 형태의 가정을 자유롭게 선택할 수 있다. 또한 핀란드에서 이혼은 상당히 흔하며, 재혼과 재혼으로 가정이 합쳐진 형태도 흔하다.

그러나 아이러니하게도 많은 핵가족이 해체되면서, 잘 보관된 교회 기록과 인터넷 덕분에 계보학이 상당히 인기를 끌고 있다. 100만 명 이상의 핀란드인은 1880년대 '굶주린 해' 이후로 핀란드를 떠나 미국과 캐나다로 대거 이민을 했다. 그 결과 그들의 후손들이 자신의 핀란드의 뿌리를 찾고 있다. 전 세계에 흩어진 친척을 찾으며, 많은 친지와 가족들이 상봉하기도 한다.

2017년 핀란드는 동성 커플의 입양권과 함께 동성 결혼을 합법화했다. 그 전에 등록된 동반자 관계는 2002년 동성 커플의 합법화로 법적으로 인정을 받았지만, 결혼이나 입양은 허용되지 않았다. 비교적 최근의 일로 새로운 핀란드 가정이 생겨날 수 있게 되었다.

양부모 가정은 맞벌이일 확률이 매우 높다. 막 아이가 태어난 부부에게는 긴 모성 휴가와 부성 휴가가 보장되지만, 복직할 때가 되면 아동 돌봄 지원이 필요하다. 따라서 지자체에서는 어린 자녀를 위한 어린이집을 운영하며 보육료를 지원한다. 미취학 어린이를 돌보는 교사들은 모두 해당 분야의 교육을 받고 자격을 취득한다.

핀란드의 출산율은 현재 여성 한 명당 1.4명으로 사상 최저 수준이며, 지난 7년간 꾸준히 출산율이 떨어지고 있다. 핀란드의 출산율은 인구 대체율보다 낮아, 인구 고령화가 진행되고 있다. 낮은 출산율과 인구 고령화는 정치인들에게 점차 심각한 문제가 되고 있다.

일상생활

핀란드인은 근면하고 성실하다. 핀란드인의 조상은 매우 척박한 땅을 삶의 터전으로 삼았다. 노동을 높이 평가하며, 성실히 공부하고 일하면 핀란드 사회에서 출세한다. 즉, 개신교의 직업윤리가 핀란드 사회에 깊이 뿌리 박혀 있다. 그러나 보통 전일제 근무가 주 35~40시간인 핀란드인은 국제 기준으로 보면 휴일이 많은 편이다.

핀란드에서도 '빈부 격차'가 점차 심해지고 있다. 실업률은 오랜 문제로 외딴 지역에서 특히 높다. 현재 전체 실업률은 7%를 상회하고 있다. 게다가 사회 보장 혜택은 과거만큼 강력하지 않으며, 그로 인해 핀란드의 소득 불균형이 심화하고 있다.

    핀란드인의 근무시간은 오전 8시부터 9시 반 사이에 시작
된다. 많은 공장은 오전 6시부터 근무를 시작하지만, 대부분
의 학교와 마찬가지로 관공서는 오전 8시나 9시에 문을 연다.
따라서 출근 전에 아이들을 일찍 어린이집에 데려다준다. 대
부분의 사람은 아침식사(커피, 죽, 요거트, 치즈와 오이와 토마토를 얹은
빵)를 하며, 출근 전에 뉴스를 읽고 SNS를 확인한다. 전통적으
로 핀란드인은 직장에서 가까운 곳에 살지만, 헬싱키 광역권에
서 통근하는 사람들이 많아지고 있다.
    점심시간은 오전 11시나 12시에 시작하며, 저녁식사는 자

녀가 있는 가정의 경우 보통 오후 5시나 6시에 먹는다. 많은 사람이 점심식사를 가장 잘 챙겨 먹으며, 저녁식사는 간단히 먹는다. 사전에 계획을 하지 않는 이상, 핀란드인은 타인의 집을 밤늦게 방문해 타인의 생활을 방해하지 않는다. 퇴근 후 저녁시간은 조용하고 편안하게 보낸다.

음식

핀란드 음식은 보통 호밀과 보리 같은 통곡물과 유제품, 감자, 생선, 소고기, 돼지고기로 구성된다. 소시지가 인기 있는 육류이며, 연어는 가장 흔한 생선으로 발트해 청어와 흰 송어, 검은 송어, 농어와 함께 자주 먹는다. 산딸기와 버섯은 핀란드의 주식 중 하나이며, 산딸기와 버섯 따기는 오랜 전통으로 즐거운 취미생활이자 맛있는 음식을 비축하는 방법이기도 하다. 핀란드인의 식습관은 다른 북유럽 문화와 비슷하며, 전통적으로 농업에 적합하지 않은 기후를 반영하고 있다. 그러나 기술의 발전과 세계화로 다양한 음식을 선택할 수 있다.

핀란드에서는 카리알란피라카(카렐리안 패스트리)를 자주 먹게 되는데, 이름과는 달리 핀란드 전역에서 즐긴다. 맛있고 작은 패스트리는 쌀이나 감자로 속을 채웠고, 겉은 호밀 크러스트로 만들어져 있다. 치즈, 토마토, 무나보이(삶은 달걀과 버터를 섞어 만든 스프레드)를 발라서 먹으면 맛있다. 핀란드인은 가벼운 간식이나 커피와 함께 아침식사용으로 카리알란피라카를 먹는다.

여러분이 사보 지역을 방문한다면, 칼라쿠코(생선과 돼지고기를 넣고 구운 호밀 빵)를 먹을지 모른다. 칼라쿠코는 이상하게 들릴지 모르지만, 이 지역의 별미이다.

카리알란피라카(카렐리안 패스트리)를 곁들인 무이쿠(흰 송어) 튀김

무이쿠(흰 송어) 튀김은 핀란드의 여러 지역에서 여름철 별미로 즐긴다. 담수어인 흰 송어를 호밀 크러스트와 함께 튀긴 것으로, 보통 으깬 감자와 함께 통으로 먹는다. 핀란드인이나 핀란드에 오래 거주한 사람에게 이 음식은 호숫가나 도시의 항구에서 짧은 여름철의 풍미를 맛볼 수 있는 음식이다.

여러분이 라플란드에 있든지 다른 지역에 있든지 기름에 튀긴 순록고기 요리 바이스테비두스를 맛볼지 모른다. 이 음식은 순록고기의 얇은 스트립을 돼지기름이나 버터로 튀겨서, 신선한 월귤이나 저장한 월귤과 함께 으깬 감자를 곁들여 먹는다.

채식주의자라도 걱정하지 말자. 대부분의 핀란드 전통 음식에는 고기와 유제품이 들어가지만, 핀란드인은 건강과 환경에 신경을 쓴다. 도시 인근에 살고 있다면, 레스토랑 메뉴에서 채식주의자 메뉴를 찾거나, 슈퍼마켓에서 유제품 미함유 치즈 같은 비건 제품을 찾기 어렵지 않다.

핀란드인 1인당 연간 커피 섭취량은 11kg이 넘으며, 전 세계에서 커피를 가장 많이 마신다. 오전과 오후에, 회의 중에, 사우나가 끝난 뒤에, 결혼식장에서, 장례식장에서 커피를 마신다. 커피는 그들의 일상에서 중요한 부분을 차지한다. 핀란드

가정을 방문하면, 집주인은 곧바로 커피를 준비한다. 핀란드인은 커피를 매우 각별하게 생각하며, 강한 향미에 가볍게 로스팅한 원두를 좋아한다. 커피 대부분은 브라질, 콜롬비아, 코스타리카에서 수입한다.

【 신발을 벗자 】

핀란드인은 자신의 집이든 남의 집이든 집에 들어갈 때는 항상 신발을 벗는다. 이 습관은 핀란드인이 해외에서도 지키는 관습이며, 오히려 이 관습을 따르지 않는 사람들을 보고 놀라워한다. 외국인 방문자도 신발을 벗을 것이라고 기대하지는 않지만, 핀란드인처럼 신발을 벗는다면 고맙게 생각할 것이다. 신발을 벗는 데에는 실용적인 이유가 있다. 핀란드의 날씨 때문에 야외의 축축한 흙이 묻은 신발과 옷은 복도에 놔두고 나머지 공간을 깨끗하게 유지하기 위해서다. 사람들은 때때로 직장에 가거나 외출을 할 때 실내용 신발을 가지고 가며, 겨울 부츠는 코트 아래에 벗어둔다. 미끄럽거나 얼어붙은 거리를 걸어 다닐 때 필요한 부츠는 실내에서 신고 있기에는 너무 덥기 때문이다.

【사우나】

사우나는 핀란드인에게 신성한 공간이다. 사우나는 종교적인 의미에서 몸과 마음을 정화하는 의식에 가깝다. 집에서든 여름 별장에서든 사우나는 가장 중요한 곳이며 제일 먼저 짓는 공간이기도 하다.

핀란드에는 전통식 화목 사우나와 현대식 전기 사우나를 포함해 사우나가 200만 개가 넘는다. 전통 사우나는 크기가 작고 나무로 만들어졌으며, 호수 근처나 물가에 있다. 전통 사우나에는 화목난로가 있고, 그 위에는 뜨거운 돌이 놓여있다.

돌을 불에 달구고, 물을 달궈진 돌에 뿌려서 증기를 만든다. 사우나의 열기 속에서 최대한 버티다가 호수로 뛰어들거나 겨울에는 눈 속으로 뛰어든다. 일부 전통 사우나는 굴뚝이 없으며, 사우나 안은 불을 피운 장작에서 나는 연기가 자욱하다. 이런 사우나는 스모크 사우나를 의미하는 '사부사우나트'로 알려져 있다. 그러나 많은 사우나는 전기 사우나 형태로, 집 안에 간단한 작은 방의 형태로 되어 있다. 화목 사우나든 전기 사우나든, 스모크 사우나든 스팀 사우나든, 사우나는 피로 회복에 좋으니 핀란드를 떠나기 전에 꼭 경험해보자.

이전에 사우나에 가본 적이 없다면, 이용 방법을 알려줄 핀란드인을 데려가자. 유명한 자작나무 가지 묶음도 사용해보자. 정말 기분 좋은 경험이 될 것이며, 혈액순환에도 좋다. 사우나에서 술을 많이 마시는 건 좋지 않지만, 맥주 한두 병을 마시는 것은 전통이다. 사우나 전에는 음식을 먹지 않는 것이 좋으며, 사우나 후에 맛있는 음식을 먹는 것이 사우나를 즐기는 방법이다. 몸을 잘 식히는 것이 중요하다. 긴장이 풀리고 깨끗해졌다는 느낌을 받을 것이다.

많은 사회 모임이 사우나 안에서 진행된다. 친구, 형제, 파트너, 부모와 자식 간에는 중요한 대화를 사우나를 하면서 나눌 때가 많다. 편안한 침묵은 일상적이다. 모르는 사람들끼리 잡담을 하거나, 하지 않는 모습을 공중 사우나에서 볼 수 있다. 사업 협상이 스파나 호텔 또는 대여한 사우나에서 진행될지도 모른다. 사우나는 옷을 벗고 이용하기 때문에 부부나 가족이 이용하는 경우를 제외하고는 여성용과 남성용으로 분리된다.

여름 별장

핀란드의 도시화는 전쟁이 끝난 뒤 생겨난 현상으로 많은 핀란드인은 시골생활을 동경한다. 그들은 여름에 도시를 벗어나기 위해 먼 거리를 이동할 준비가 되어 있으며, 헬싱키를 벗어나는 금요일이나 헬싱키로 돌아오는 일요일에 맞닥뜨리게 될 교통체증은 문제가 되지 않는다. 7월에는 대부분의 핀란드인이 여름휴가를 떠나며, 잠시 삶의 속도가 느려진다. 많은 공식 업무는 사람들이 휴가에서 돌아오는 8월로 미루어지는데, 이에 대해 핀란드인들은 별로 개의치 않는다. 누구나 제대로 된 휴식이 필요하기 때문이다.

핀란드인은 보통 가족용 별장으로 휴가를 떠난다. 핀란드에

는 40만 개의 별장이 있으며, 대부분은 호숫가나 섬 또는 바닷
가에 위치한다. 물론 별장에는 사우나 시설이 있다.

여름 별장은 핀란드인의 삶과 정체성에 아주 중요하다. 호숫
가에 별장이 없는 사람도 별장이 있는 친구나 친척이나 동료
가 있어서 그들을 따라갈 수 있다. 개신교의 직업 윤리에는 대
가가 따르는데, 번아웃은 스트레스의 일반적인 결과이다. 이때

핀란드의 별장보다 좋은 치료 방법이 어디 있을까!

전형적으로 별장은 일반적인 현대식 집보다는 조금 더 자연적이다. 여름 별장은 자연으로 돌아가 전기와 수도 같은 편리한 문명의 이기가 없는 곳에서 살아볼 수 있는 기회이다. 별장에서 생활하는 동안 핀란드인은 호수에서 목욕하고, 옥외 화장실을 사용하며, 전깃불 대신 태양 빛에 의존한다.

근대화의 역사가 비교적 짧은 핀란드인에게 여름 별장과 그 주변의 자연으로 돌아가는 모습은 마치 고향 집으로 돌아가는 것과 비슷하다.

학교 교육

핀란드 교육제도는 시험 성적뿐 아니라 학생당 비용 면에서도 국제비교데이터에서 높은 순위를 차지한다. 90%가 넘는 핀란드인은 고등학교 졸업장이 있으며, 60% 이상은 대학교육이나 대학 수준의 교육을 마쳤다.

의무교육은 무상으로 제공되며, 과학 및 문화와 함께 핀란드 예산의 약 18%가 교육에 책정된다. 지방정부는 전반적인 교육을 준비하며, 중앙정부는 규제와 일부 재정을 담당한다. 유치원은 6세부터 다닐 수 있으며, 의무교육은 7세부터 시작한다. 학사 년도는 2학기로 나누어지며 각 학기 중반에는 1주일씩 방학이 있다. 가을 방학은 10월에 있으며, 2월이나 3월에는 스키 방학이 있다.

핀란드 어린이는 어려서부터 독립적이다. 새 학기가 시작되는 8월 중순에는 아이들이 학교 가는 길을 익히는 모습을 흔하게 볼 수 있다. 이후에는 부모가 아이들을 학교에 데려다주지 않고, 아이들이 스스로 통학한다. 인구가 적은 시골이나 학교가 통합된 지역의 경우에는 학교까지의 거리가 5km를 넘을 경우 관할 지자체에서 무상으로 통학 수단을 제공한다.

교육은 사회적 이동의 원천으로 중요시된다. 핀란드의 초등교육과 중등교육은 9학년까지 의무교육이며, 10학년은 선택 사항이다. 학교는 주니어 레벨(1~6학년)과 시니어 레벨(7~9학년)로 나뉜다. 그 후에 학생들은 고등학교나 직업학교로 지원할 수 있다. 핀란드에서 교육의 주요 목적은 핀란드어, 스웨덴어 또는 사미어(어린이의 모국어인 경우)와 수학, 역사, 지리, 외국어 같은 과목을 포괄적으로 이해시키는 것이다. 모든 학생은 핀란드어, 스웨덴어, 영어를 배워야 한다.

평균적으로 독서 능력은 높으며, 어린이는 취미로 독서를 즐긴다. 잘 교육된 전문적인 교사, IT 기술의 사용, 독서의 전통은 높은 문해율에 이바지했다. 어린이들은 기술을 적극적으로 사용하며, 소셜 미디어를 많이 활용하므로, 기본적인 문해력과 외국어 실력이 늘어났다. TV 프로그램의 자막이 독해력을 강화한다고 생각한다.

학교 음식은 의무교육을 받는 모든 사람에게 무료로 제공된다. 어린이들은 균형 있고 영양가가 있는 식단으로 식사를 하며, 부모는 학교 급식의 자세한 내용을 온라인에서 확인할 수 있다.

대학 입학시험은 전국적으로 1년에 두 번, 봄과 가을에 시행된다. 대학에 진학하려면 이 시험과 별도로 학과별 대학 입학시험에서 좋은 점수를 받아야 한다. 대학 입학은 경쟁이 매우 치열하며, 해마다 모집 정원보다 많은 응시생이 지원한다. 많은 학생은 대부분의 분야와 전공과가 있는 직업학교나 직업대학교에 진학한다. 일부 커리어 훈련(예를 들면 건축)을 마치면 대학에 지원할 수 있는 자격이 부여되기도 한다.

18세에는 핀란드 남성 대부분이 대학에 진학하거나 취업하기 전에 군에 입대한다. 대부분 군 복무 기간은 짧지만, 대체 복무를 통해 대신할 수도 있다. 여성은 원하면 군 입대를 할 수 있지만, 지원자가 거의 없다.

핀란드에는 20여 개 대학과 예술학교가 있다. 대학은 국립대학으로 교육부의 통제를 받지만, 사실상 자체적으로 운영된다. 대학교는 평균 4~5학년으로 구성되며, 학생들은 보통 박사학위를 취득한다. 학생들은 재정적으로 많은 지원을 받는다.

정부는 학생들에게 매월 소정의 생활비를 지급하며, 초저금리로 학자금 대출을 받을 수 있도록 보증을 선다. 또한 학생들의 숙소와 건강보험과 식사에도 보조금을 지급한다.

핀란드 대학은 다양한 국제 학위 프로그램을 운영하고 있으며, 100% 영어로 수업이 진행된다. 핀란드는 수년간 국제 학생으로부터 등록금을 받지 않았다. 그러나 2017년 이후로 영주권이나 시민권이 없는 외국인 학생은 연간 학비를 내고 있다. 그러나 대학은 많은 학생에게 많은 금액의 장학금을 제공하고 있다. 따라서 핀란드 대학에서 공부하고 싶다면, 무상으로 교육을 받거나 약간의 도움을 받으면서 교육을 받을 가능성이 크다.

정부와 민간 분야가 함께 연구개발 기금을 제공한다. 특히, 기술 과학에 대한 연구를 세계 여느 나라와 마찬가지로 우선시하는 경향이 있다. 철학, 핀우그리아어, 사회학, 언어학, 임업학, 수학도 중요한 학문이다. 일반 시민에게 대학교 수준의 강좌를 제공하는 '여름 대학'을 통해 고등교육 공개 강좌를 들을 수 있다.

핀란드인은 다양한 분야에 대해 지자체, 산별 노조, 자원봉사 단체와 성인 교육기관이 제공하는 평생 교육을 받는다. 평생 학습과 직무 역량 개발도 직장에서 계속된다. 변했거나 사라진 직업이나 업종에 종사한 사람들과 실직자들에게 재교육 프로그램이 제공된다.

핀란드인에게 인생에서 성공하는 데 가장 중요한 요소가 무엇이라고 생각하는지 질문하면, 대부분은 교육이라고 대답할 것이며, 이러한 생각은 그들이 교육에 투자한 엄청난 자원을 보면 알 수 있다. 핀란드라는 나라와 문화가 성공할 수 있었던 배경에는 핀란드의 성공적인 교육제도가 큰 역할을 했다.

핀란드 이주 또는 여행

핀란드에 있는 동안 아파트나 집을 빌리고자 한다면, 필요한 모든 정보는 온라인에서 쉽게 찾을 수 있다. 우선 Tori.fi를 검색해보자. 만일 부동산 중개인을 통해 알아보고자 한다면, 중개인에 대한 정보도 쉽게 찾을 수 있다. 가구가 갖춰진 아파트도 있으며, 물론 임대료는 더 비싸다.

핀란드에 단기간 체류할 생각이라면, 대부분의 도시에 있는 호텔과 호스텔을 이용하면 된다. 호텔은 비싼 편이므로, 예산이 넉넉하지 않은 여행자에게는 호스텔이 좋은 선택지가 된다. 온라인 임대 웹사이트 에어비앤비에서도 다양한 가격대로 많은 숙소를 검색할 수 있다.

06

여가생활

계절에 상관없이 많은 핀란드인은 자연에서 여가 시간을 보내기 좋아한다. 실제로 계절마다 할 수 있는 취미 활동과 즐길 거리가 있다. 또한 핀란드인은 스포츠를 광적으로 좋아하며 크로스컨트리 스키, 아이스하키, 윈드서핑, 수상스키, 페사팔로, 수영, 자동차 경주 등 다양한 스포츠를 즐긴다. 핀란드는 모든 사람이 참가하는 진정한 대중 스포츠의 나라다.

야외 활동과 자연

지금쯤이면 핀란드인이 야외 활동을 좋아한다는 사실을 눈치 챘을 것이다. 계절에 상관없이 많은 핀란드인은 자연에서 여가 시간을 보내기 좋아한다. 실제로 계절마다 할 수 있는 취미 활동과 즐길 거리가 있다.

여름철에는 여름 별장에서 보내는 시간을 아주 좋아한다. 여름 별장에서든 도시에서든 여름철 활동으로 수영, 하이킹, 보트 타기, 수상스키, 자전거 타기, 바비큐와 소풍을 즐길 수 있다. 기억하자. 천 개의 호수의 나라에서는 물에서 멀리 떨어져 있을 수 없으며, 마찬가지로 숲에서도 멀리 떨어져 있을 수가 없다.

가을철에 많은 핀란드인은 야생 버섯과 산딸기 따기를 좋아하며, 사냥을 즐기기도 한다. 라플란드는 절경의 가을 단풍 '루스카'로 유명하며, 가을철에는 하이킹을 하러 북쪽으로 향하는 사람들이 많다. 자연 속의 오두막도 많아서, 누구나 무료로 숙박을 할 수 있다. 남부 핀란드의 가을 단풍도 매우 아름다우며 가볼 만하다.

겨울철에는 즐길 수 있는 야외 활동이 풍부하며, 특히 기온

이 제일 낮을 때 더욱 다양한 활동을 할 수 있다. 11월과 12월에 어두운 극야가 지나면, 핀란드에 서서히 빛이 돌아오기 시작하며, 호수가 꽁꽁 얼어붙고 땅 위로 눈이 두껍게 쌓이면, 겨울 스포츠의 계절이 공식적으로 시작된다. 핀란드인은 크로스컨트리 스키와 스노모빌, 스노슈잉, 아이스 스케이팅, 수영 (그렇다, 수영도 한다!)을 즐긴다. 일부 용감한 핀란드인은 얼음에 구멍을 뚫고 수영을 즐긴다. 그리고 보통 얼음 수영을 한 뒤에 사우나를 즐기거나, 반대로 사우나를 먼저 한 뒤에 얼음 수영을 하기도 한다.

핀란드에서 봄은 희망의 계절이다. 겨울의 추위가 서서히 물러가고 여름에 대한 기대감이 커지는 봄에는 야외 활동을 즐기기 어렵다. 핀란드의 봄은 비가 많이 내리는 것으로 악명이 높으며, 거의 매년 동장군이 쉽사리 물러가지 않는다. 그럴지라도 사람들은 얼음이 얼어 있는 동안 계속해서 얼음 위에서 활동을 즐기며, 날씨가 나빠도 숲속에서 산책을 즐긴다. 얼음과 눈이 많이 녹고 태양이 돌아오면, 사람들은 기뻐하면서 태양을 바라보는 꽃들처럼 무리를 지어 밖으로 몰려나온다.

거닐 수 있는 자유: 모든 사람의 권리

대부분의 북유럽 국가들은 '거닐 수 있는 자유'를 중요하게 생각하며, 법에도 규정되어 있다. 이 권리에 따라 모든 개인은 사유지라 할지라도 개발되지 않은 시골을 즐기거나 활용할 수 있다. 이 권리가 어떤 경우에 제한되는지에 관한 규정도 있다.

집의 정원과 그와 인접한 장소, 훼손될 수 있는 들판이나 나무를 심은 지역을 제외하고, 핀란드에서는 어디든지 자유롭게 걷고, 스키를 타고, 자전거를 탈 수 있다. 집에서 적당히 떨어진 곳에 임시로 텐트를 치고 지낼 수도 있다. 보호종이 아니라면 산딸기, 버섯, 꽃을 딸 수도 있다. 낚싯대를 이용해 낚시를 할 수 있지만, 다른 어업은 허가증이 필요하다. 강이나 호수, 바다에서 노를 젓거나, 모터보트를 이용해 항해를 할 수 있고, 수영이나 목욕을 할 수도 있다. 산책, 스키, 자동차 운전을 하거나 얼어붙은 호수나 강에서 낚시를 할 수도 있다. 하지만 거주지와 가까운 곳에서 캠핑을 하거나 지나친 소음으로 사람들의 사생활을 방해해서는 안 되며, 커다란 사냥감이나 번식 중인 새와 그 둥지, 새끼 새를 방해해서도 안 된다. 순록이 따뜻한 아스팔트 도로에서 일광욕을 즐길 때 라플란드의

관광객들은 차에서 기다린다(얼마나 사진 찍기 좋은 순간인가!).

쓰레기를 버리거나 치우지 않거나, 땅 주인의 허락 없이 길이 아닌 곳에서 자동차를 운전하거나, 관련 허가를 받지 않고 낚시나 사냥을 해서는 안 된다.

기본적으로 자유롭게 돌아다니고 식량을 채집할 수 있는 권리가 있지만, 조용히 돌아다니자. 이익을 얻기 위해 자연을 착취하거나 돌아다니면서 사람이나 동물에게 피해를 주지 말자.

스포츠

많은 핀란드인은 스포츠를 광적으로 좋아하며, 보통 스포츠에 빠져 있을수록 스포츠를 더 잘한다. 스포츠 시설이 잘 구축되어 있으며, 언론은 모든 스포츠 종목을 다양하게 보도한다. 계절에 상관없이 즐길 수 있는 스포츠가 있다. 요트 타기, 윈드서핑, 수상스키는 핀란드 전역에서 할 수 있다. 겨울철 스포츠는 인기가 많으며, 라플란드는 활강 스키의 성지로, 남쪽으로 더 내려가면 작은 언덕들이 있다. 헬싱키를 포함해 모든 곳에 크로스컨트리 스키 시설이 있다. 야외와 실내 빙상 경기장에서도 스케이트를 탈 수 있다. 골프도 인기가 많아졌으며, 훌륭한 골프 코스가 많다. 가장 열성적인 플레이어들은 아이스 골프를 만들었고, 그 덕분에 짧은 골프 시즌이 길어졌다. 테니스도 인기가 많으며, 실내외 코트에서 즐길 수 있다. 승마는 특히 어린 소녀들이 좋아하는 스포츠이다. 호수, 강, 바다에서 수영을 할 수 있으며, 모든 주요 마을과 도시에 시설이 좋은 수영장도 있다.

관람 스포츠로는 아이스하키가 1등이다. 핀란드가 처음으로 세계 챔피언이 되었던 1995년에는 온 나라가 마비될 정도

헬싱키의 알라스 바다 수영장과 같은 야외 온수 수영장은 1년 내내 문을 연다.

였다. 당시 핀란드는 정적 스웨덴을 상대로 스톡홀름에서 이겼고, 당시 핀란드 팀의 코치는 스웨덴인이었기 때문에 우승은 더욱 달콤했다. 스웨덴인은 승리를 자신했기에 경기 전에 승리 축하곡으로 '덴 글라이더 인(퍽이 미끄러져 들어온다)'의 녹음까지 마쳤다. 이제 이 노래 제목은 핀란드에서 수천 장의 티셔츠에 프린트되어 있다. 이후 오랜 시간이 지났지만, 당시 경기는 핀란드 스포츠 연감에도 여전히 생생하게 전해진다. 뛰어난 핀란드 출신의 하키 선수들이 무수히 많으며, 많은 핀란드 선수들은 미국과 캐나다 내셔널 하키 리그에서 수백만 달러를 벌어들였다. 당연히 핀란드에서 하키는 중요한 스포츠 종목이다.

핀란드 팬들이 2019년 아이스하키 세계 챔피언십 우승을 자축하고 있다.

　핀란드 야구 '페사팔로'는 인기 많은 여름 스포츠다. 1920년대에 발명된 페사팔로는 미국 야구를 기반으로 만들었지만, 같다고 보기는 어렵다. 예를 들어, 공을 던지고 달리는 모습은 확연히 다르며, 미국 야구보다 달리기를 조금 더 많이 한다. 핀란드인은 다른 많은 것처럼 야구도 핀란드식으로 개량했다.

　핀란드인은 또한 자동차 경주를 아주 좋아하며 잘한다. 핀란드는 오랫동안 우수한 레이서를 배출했으며, 비평가들은 핀란드의 길고 미끄러운 도로에 단련이 된 핀란드인에게 자동차 경주는 자연스럽게 느껴질 거라고 말한다. 미카 하키넨, 미카 살로, 키미 라이코넨과 같이 자국 선수들이 세계적인 레이서로 활동하는 포뮬러 원 대회를 보기 위해 핀란드 국민들은 TV 앞을 떠나지 않는다.

전통적으로 핀란드는 크로스컨트리 스키의 강자이며, 겨울 스포츠에 관심 있는 사람은 누구나 스키 점프를 알고 있다. 이렇게 위험천만한 스포츠에 참여하려면 강심장이어야 한다.

핀란드는 모든 사람이 참가하는 진정한 대중 스포츠의 나라이다. 헬싱키의 여성 10km 달리기 대회, 마라톤, 조정, 라플란드에서 남해안까지 달리는 릴레이 달리기 대회와 핀란디아 스키 행사 등 많은 행사가 개최되며 많은 사람이 참여한다. 동료와 한 팀으로 스포츠 대회에 참가하는 일도 다반사다. 이처럼 핀란드에서는 모든 사람이 스포츠를 즐긴다.

디자인과 쇼핑

핀란드에는 가구와 그릇 및 기타 제품을 디자인하는 뛰어난 디자이너가 많다. 아르텍은 핀란드 디자인계에서 유명한 커플인 알바르 알토와 아이노 알토가 디자인한 가구와 유리류를

핀란드 디자인의 예: 알바르 알토의 가구, 마리메꼬의 주방용품, 티모 사르파네바의 유리류

전문으로 취급한다. 20세기 초반에 알토 부부는 핀란드 미학에 큰 획을 그었고, 그들의 제품은 아직도 핀란드 전역의 가정집에서 찾을 수 있다. 알토 부부에 더해 마르쿠 코소넨의 우드 디자인과 안리 텐후넨의 도자기, 요한나 글릭센의 리넨 제품, 리트바 푸오틸라의 종이실 카펫을 찾아보자. 마리메꼬는 전 세

계적으로 독특한 섬유 디자인으로 알려져 있으며, 핀란드 디자인 미학의 기본이기도 하다.

헬싱키의 주요 쇼핑 거리로는 디자인 제품을 볼 수 있는 포요이스-에스플라나디와 에텔라-에스플라나디 거리, 스토크만 백화점과 다른 대형 백화점이 있는 알렉산테린카투 거리가 있다. 아카테미넨과 수오말라이넨 키르야카우파는 가장 큰 서점이며, 고서 판매 서점들도 많다. 이소-로베르틴카투의 보행자 구역에서는 아트 갤러리와 작은 상점들을 볼 수 있다. 이태케스쿠스, 이소 오메나, 타피올라 센터도 방문해볼 만하다. 팰리

마을의 마켓 광장(토리)은 핀란드의 맛있는 먹거리, 공예품, 기념품을 찾기 좋은 곳이다.

스 호텔 맞은편 남항에 있는 실내 시장도 가보자. 그곳에서는 신선한 연어, 스모크 연어, 숙성시킨 연어와 핀란드의 유명한 스모크 햄을 찾을 수 있다.

헬싱키 외곽의 도시와 마을에는 주요 상점들이 일반적으로 마켓 광장(토리) 근처에 있다. 여름철 마켓 광장은 쇼핑객들과 음악 공연을 보기 위한 인파로 북적인다. 많은 마을에는 차 없는 쇼핑 거리가 조성되어 있어, 편하게 걸어 다니며 쇼핑을 즐길 수 있다.

은행과 현금인출기

핀란드의 은행 업무는 은행에 가서 처리해야 하는 경우도 있지만, 대부분은 그렇게 하지 않는다. 지급, 송금, 잔고 확인, 계좌 확인은 전부 다 사용자 이름, 비밀번호, 보안카드를 사용해 온라인에서 이루어진다. 온라인 뱅킹이 더는 사용되지 않는 개인 수표를 포함해 많은 다른 지급 방식을 대체했다. 가끔 현금이 필요할 때도 있어서, 사람들이 많이 모이는 장소 주변에는 현금인출기가 많다.

그러나 외국인에게는 은행 업무를 처리하기가 어려울 수 있다. 예를 들어, 신원 확인을 할 때 필요한 인터넷 뱅킹을 이용하려면 핀란드에서 수개월 또는 수년을 거주한 개인이어야 할때가 있다. 한동안 핀란드에서 지낼 생각이라면, 핀란드 계좌가 필요할 수 있다. 계좌를 개설하려면 무엇이 필요하며 어떤 기능을 사용할 수 있는지를 알아보자. 핀란드에서 이용할 수 있는 대표 은행으로는 단스케뱅크, 노르디아, 오수스판키가 있다. 이 중 한 곳에서 계좌를 개설하고 싶다면, 도와줄 사람을 찾아보는 것도 좋다.

외식

헬싱키는 우수하고 다양한 음식점으로 유명하다. 핀란드의 다른 주요 도시의 음식점은 국제적인 기준에 못 미칠 수 있지만, 핀란드인의 입맛이 변하고 있고 발전되고 있다. 어디를 가든, 맛있는 음식을 꼭 찾을 수 있을 것이다. 메뉴에 있다면 담수어나 향이 강한 육류를 먹어보자.

대부분의 핀란드 음식점은 점심시간에 직장인을 겨냥한 점심 메뉴를 제공하기 때문에, 저녁에 외식을 하려면 점심보다 많은 비용이 든다. 점심 메뉴는 보통 샐러드나 수프, 메인 코스, 빵, 커피로 구성된다. 비즈니스 여행자나 관광객이 음식점에서 점심식사를 하려면 오후 1시 이후가 한산하다는 점을 기억하자.

핀란드 메뉴는 보통 채식주의자용 메뉴와 락토스나 글루텐이 없는 메뉴를 표시하고 있다. 알레르기가 있다면, 직원에게 성분을 확인하는 방법이 최선이지만, 그렇다고 걱정하지는 말자. 핀란드에서 음식 알레르기는 상당히 흔하므로, 원하는 대로 음식을 준비해줄 것이다.

헬싱키의 카페 문화는 오랫동안 성황이었다. 핀란드 최초의 카페인 카페 에크베리는 1861년 불레바르디에서 개업을 한 후 맛있는 케이크와 패스트리를 판매한다. 제과기업 파제르가 소

· 팁 문화 ·

팁을 반드시 줘야 할 필요는 없다. 계산서의 금액을 올림해서 서비스에 대한 감사의 의미로 소정의 돈을 두면 늘 좋아한다.

유한 클루비카투에 있는 파제르 카페도 인기 있다. 핀란드 건축가 엘리엘 사리넨이 설계한 기차역에 있는 라빈톨라 엘리엘을 방문해보자.

공중화장실은 거의 없다. 커피숍에서 열쇠를 받아서 사용해야 하며, 이용료를 내야 한다. 문에 표시된 M은 남성(미에스)을, N은 여성(나이넨)을 의미한다.

음주 문화

좋든 나쁘든 음주는 핀란드에서 중요한 문화 활동이다. 술은 사회 활동과 개인 활동을 부드럽게 만드는 윤활유 같은 역할을 한다. '칼사리칸니트'라는 단어가 최근에 세계적으로 알려지면서, 핀란드인의 음주 문화가 유명해졌다. '칼사리칸니트'는 집에서 옷을 벗은 채로 어떤 계획이나 갈 곳이 없는 상태에서 '혼술'을 즐기는 것을 의미한다. 이런 행동을 우울증이나 알코올중독으로 보는 사람도 있을 수 있지만, 핀란드인은 그렇게 생각하지 않는다(꼭 부정적으로만 보지는 않는다). 술은 사람들과 어울려 마실 수도 있고, 혼자서 마실 수도 있으며, 눈에 띄게 마실 수도 있고, 눈에 띄지 않게 마실 수도 있다.

핀란드에서는 국가가 술 생산 및 판매 독점권을 가지며, 술은 주류매장 알코에서 판매한다. 알코는 일반적으로 좋은 와인과 맥주, 독주를 엄선해 판매하며, 직원들이 술에 대해 잘 알고 있어 술을 선택할 때 도움을 준다. 슈퍼마켓이나 다른 가게에서 맥주와 사과주를 살 수도 있다. 알코 매장은 월요일부터 금요일까지 오전 9시부터 오후 9시까지 문을 연다(작은 상점은 오후 6시까지만 문을 연다). 토요일은 오전 9시부터 오후 6시까지 영업을 한다. 18세 이상은 누구나 술을 살 수 있고 대부분의 술집을 출입할 수 있다.

맥주, 그중에서도 특히 핀란드의 라거는 아주 인기가 많다. 핀란드인도 보드카를 즐기며(핀란드 브랜드 코스켄코르바는 꽤 인기 있다), 진은 핀란드산 진 나푸에가 출시되면서 혹평을 받았다. '롱 드링크'는 핀란드 고유의 칵테일로, 일반적으로 진과 자몽 소다를 섞어서 만든다. 지방에는 산딸기 와인과 독주를 만드는 업체도 아주 많다. 화이트 커런트로 만든 스파클링 와인은 한 번 맛볼 만한 가치가 있다.

핀란드인은 사람들과 어울리기 위해 술을 마시지만, 취하기 위해 마시기도 한다. 사실 이 둘은 같은 말이기도 하다. 술에 취하는 것이 친구와 동료 사이에서의 사회 활동이다. 술에 취한 행동을 사회적으로 널리 받아들인다. 예를 들어, 평상시에는 조용한 분위기를 좋아하지만, 술에 취했을 때 큰 소리를 내는 행동을 흔히 볼 수 있다. 모든 연령대의 핀란드인은 때때로 지나치게 음주를 하며, 여름 축제는 시끌벅적하고 요란하다. 핀란드인은 자랑하는 것을 좋아하지는 않지만, 심한 숙취는 자랑한다.

【 부즈 크루즈 】

핀란드에서 에스토니아나 스웨덴으로 가는 '부즈 크루즈'가 매우 인기가 많다. 음주와 관광을 즐긴다는 두 가지 목적이 있다. 많은 여행객은 배에서 전혀 내리지 않거나, 쇼핑보다 술을 사는 데 더 많은 시간을 보낸다. 핀란드 고등학생은 보통 졸업을 앞두고 대학 입학시험을 준비할 때, 학생 부즈 크루즈를 조직한다. 교사가 동행하지만, 보통은 학생들과 함께 술을 마시는 일 이외에는 거의 간섭하지 않는다. 사업상 회의와 협상도 부즈 크루즈에서 진행되며, 호텔보다 저렴한 대안이 된다. 동료나 동업자와 밤새 술을 마신 다음, 다음 날 아침에 일어나 회의를 진행한다. 술과 관련한 건강 문제와 사회적 문제는 심각하다. 국가는 주류를 판매하면 수입이 생기지만, 국민의 건강과 복지에 대한 책임이 있으므로 주류 판매를 엄격하게 통제한다. 그러나 주류 판매와 관련된 법규가 최근에 느슨해졌다. 슈퍼마켓에서 알코올 함량이 5.5%까지(기존에는 4.7%)의 술은 판매할 수 있게 되었다. 이러한 변화는 다른 북유럽 국가들이 알코올 규제를 강화하는 조치와는 상반된 움직임으로, 핀란드는 음주 면에서 이웃 국가들과 어긋난 행보를 보인다.

밤 문화

핀란드 젊은이는 춤을 배우며, 그것도 아주 잘 출 수 있게 배운다. 어려서부터 왈츠, 탱고, 폭스트롯을 추는 법을 배우며, 이러한 춤 실력을 잘 간직하고 있다가 필요한 순간에 발휘한다. 따라서 저녁시간에 댄스 클럽에 가는 것이 일상적이다. 보통 라이브 곡이 연주되며, 여성이 남성에게 춤을 신청하는 '레이디스 이브닝'이 특히 인기가 많다.

전통 춤보다 모던 음악을 좋아한다면, 나이트클럽으로 가자. 헬싱키와 주요 도시에는 인기 있는 나이트클럽이 많으며, 소도시에는 보통 한두 개의 나이트클럽이 있다.

크리스마스 전 음식점에서는 '작은 크리스마스'라고 불리는 오피스 파티가 많이 열린다. 동료들과 편안한 시간을 보낼 수 있는 오피스 파티 시즌은 11월 중순 무렵에 시작해 12월까지 계속된다. 주말에 대형 파티로 음식점 예약이 다 차면, 오피스 파티 시즌이라는 것을 알 수 있다. 물론 작은 크리스마스에는 술을 주로 마시며, 동료와 즐거운 시간을 보내고, 맛있는 음식과 연휴의 달콤함, 춤이 함께 어우러진다.

영국 펍과 아이리시 펍은 인기가 많으며, 여름철에는 야외 카페와 맥주홀이 성행한다. 호수가 있는 도시에서는 호수 위의 선상 바와 부두 바에서 여름철 밤에 유흥을 즐길 수도 있다.

섹스 앤드 더 시티

핀란드인은 성에 대해 개방적이며, 여성도 남성 못지않게 적극적이다. 미혼과 이혼한 사람들이 증가하면서, 가볍게 섹스를 즐기는 일이 흔해졌다. 전통적인 방식으로 바와 클럽에서 사람을 만나거나, 틴더 같은 데이트 앱을 통해 만나기도 한다. 사실 최근 몇 년간 틴더 이용률이 급격히 증가했고, 비슷한 성격의 핀란드 앱을 추월했다. 핀란드인은 일반적으로 섹스와 성별 문제에 있어선 다른 문제만큼 아주 현대적이지는 않기 때문에, 핀란드에서 동성 간의 데이트는 어려울 수 있다.

다툼

핀란드인은 다툼을 피하는 경향이 있으며, 고객 서비스 분야에서도 이런 경향이 나타난다. 따라서 음식점이나 클럽, 바에서 서비스가 나쁘거나 음식이 실망스럽다고 불만을 제기하지는 않는다. 그러나 불만을 말하지 않는다고 해서 불만이 없다는 것은 아니다. 대부분의 식당 종업원과 계산대 직원과 바텐더는 여러분을 기꺼이 도와줄 것이다.

상류 문화

핀란드는 모든 종류의 음악에 대한 관심과 애정이 많고, 음악 교육에 대한 전통이 아주 강한 나라다. 시벨리우스와 오페라, 특히 현대 오페라는 핀란드 음악의 강점을 잘 보여준다. 헬싱키 오페라 하우스는 유럽에서 가장 현대적인 곳 중 하나이며, 연중 내내 핀란드 전역에서 수많은 클래식 음악 축제와 행사가 열린다. 대부분의 마을에는 여러 개의 합창단과 적어도 하나의 오케스트라, 시립 미술관과 다양한 박물관이 있다. 헬싱키와 탐페레는 극장으로 가장 유명한 도시이지만, 모든 도시와 큰 마을에는 시립 극장이 있으며, 일반적으로 흥미로운 예술 공간이 많다.

헬싱키의 툴루 지역에 있는 시벨리우스 공원에
에일라 힐투넨이 만들어 헌정한 핀란드 작곡가 장 시벨리우스의 기념물이다.

　　시벨리우스와 동시대를 살았던 작곡가 일부가 알려지면서,
그들은 시벨리우스의 그늘에서 벗어날 수 있었다. 아울리스
살리넨, 요나스 코코넨, 카이야 사리아호, 에이노유하니 라우
타바라는 20세기 후반에 유명해진 많은 작곡가 중 일부이며,
아방가르드 작곡자들도 많다. 실험적 미술과 음악이 강세를 보
이며, 또다시 핀란드인은 혁신의 선두주자로 나섰다.

대중문화

핀란드의 대중문화는 핀란드 밖에서는 잘 알려지지 않았다. 2017년 베를린 국제 영화제에서 〈희망의 건너편〉으로 최고 감독상을 받은 아키 카우리스마키가 핀란드 예술 영화를 이끌고 있다. 영화는 핀란드어와 스웨덴어 자막과 함께 원어로 상영된다. 대부분의 미국 영화 개봉작을 핀란드 영화관에서 볼 수 있으며, 핀란드 TV 방송사는 할리우드 영화를 방송하기 좋아한다.

핀란드의 대중음악은 상당히 다양하다. 핀란드인은 탱고를 좋아하며, 핀란드만의 탱고 문화를 발전시켰다. 핀란드 탱고는 보통 단조를 사용하며, 잃어버린 사랑과 고독을 노래한다. 핀란드인은 핀란드식 록, 팝, 핀란드 특색이 뚜렷한 팝송인 '이스켈마(히트곡)'도 좋아한다. 잘 알겠지만(어쩌면 이 책을 읽는 이유일 수도 있다), 핀란드의 메탈 음악은 세계적으로 유명하다. 메탈은 핀란드에서 인기 있는 장르로, 핀란드 메탈이 관광객과 이민자를 유혹한다. 나이트위시와 칠드런 오브 보덤의 음악을 듣다 보면, 자신도 모르게 헤비메탈 음악에 맞춰 격렬하게 춤을 추게 될 것이다.

종말을 불러오는 핀란드 메탈 밴드 나이트위시

다른 나라들과 마찬가지로, 미국이나 영국에서 들어온 영어 노래를 많이 접하게 되며, 이런 노래들이 인기도 많다. 그렇다고 해서 핀란드 음악에 관한 관심이 줄어들거나 문화적으로 핀란드 음악을 소중하게 생각하는 마음이 줄어들었다는 것은 아니다.

핀란드는 TV 시리즈 〈소르요넨(영어 명칭은 '보더타운')〉의 노르딕 느와르(스칸디나비아 또는 북유럽 국가를 배경으로 경찰의 관점에서 그린

범죄물-옮긴이)를 한 편 이상 제작했다. 러시아 국경에서 가까운 사이마 호수 근처에 있는 라펜란타 시에서 살인 조직범죄 사건을 조사하는 주인공 카리 소르요넨을 그린 내용이다(실제 라 펜란타는 안전하며 자연경관이 수려해 가볼 만하다).

07

여행, 건강
그리고 안전

핀란드의 대중교통은 잘 발달해있다. 버스는 도시에서 주요한 대중교통 수단으로 이용된다. 헬싱키에는 핀란드에서 유일하게 지하철이 있으며, 트램도 있다. 모든 대중교통 시간표는 인터넷에서 확인할 수 있다. 핀란드에서의 여행을 계획하거나 표를 구매할 때 도움 되는 인기 앱으로는 무빗, VR 모바일, HSL 모빌릴리푸가 있다.

일반적으로 핀란드 국내 여행은 간단하며 골치 아플 일이 없다. 버스와 기차 같은 대중교통은 보통 정시에 운행되지만, 기상 상황이 나쁜 겨울철에는 정시 운행이 어려울 수도 있다. 교통법은 엄격하며, 핀란드인은 교통 법규를 그대로 따르는 경향이 있다.

핀란드인은 옆자리에 앉은 사람과 보통 잡담하지 않으며 혼자 조용히 있는다. 선택권이 있다면, 옆에 아무도 앉지 않는 편을 선호한다. 그러면 혼자서 창밖을 구경하며 조용히 사색에 잠긴 채 핀란드의 현대적인 도시경관과 울창하고 푸른 숲을 즐길 수 있다.

운전

핀란드는 '그린카드(유럽 자동차 손해 배상 보험-옮긴이)'가 적용되는 국가로, 직접 차를 운전하려면 국제운전면허증이 필요하다. 운전석은 오른쪽에 있으며, 좌측통행을 한다. 운전자와 동승자는 모두 안전벨트를 반드시 착용해야 하며, 모든 자동차는 시간이나 날씨에 상관없이 항상 헤드라이트를 켜야 한다.

    대부분의 교통 신호는 유럽 대륙과 비슷하다. 연중 내내 도로 상태가 좋다. 겨울철에는 새벽부터 제설차들이 도로에서 눈을 치우며, 모래를 도로에 뿌리는 작업이 효율적으로 운영된다. 폭설이 심하게 내리거나 갑작스럽게 서리가 내릴 때만 드물게 도로가 폐쇄된다. 겨울철 운전에 익숙하지 않다면 조심하면서 서행해야 한다. 12월부터 2월까지는 겨울용 타이어를 반드시 사용해야 한다. 겨울용 타이어는 11월 초부터 부활절이 끝날 때까지 그리고 기상 조건에 따라 필요로 할 때 사용할 수 있다.

　핀란드인은 운전을 잘한다. 랠리 드라이빙과 포뮬러 원 대회에서 세계 챔피언을 여러 명 배출했고, 작고 좁은 도로에서도 흥분해서 속도를 낼 때가 있다. 모든 핀란드인의 내면에는 랠리 챔피언의 피가 흐르고 있다. 그러나 속도 제한은 분명히 표시되어 있으며, 과속에 대한 벌금이 많다. 벌금은 개인의 소득 수준에 비례해 책정되며, 소득이 높을수록 벌금을 많이 낸다. 제한 속도를 넘긴 운전자는 고속도로 감시 카메라에 포착되어, 법적 조치 및 벌금이 부과된다.

　핀란드 전역에서 주유소를 찾을 수 있으며, 주유소 위치가

> ### • 자신의 운을 시험해보자! •
>
> 세계 랠리 챔피언이자 전 유럽의회 의원인 아리 바타넨에게 훌륭한 랠리 드라이버의 자질이 무엇인지 질문을 하자, "무거운 발과 가벼운 머리!"라고 대답했다. 랠리 드라이빙에 도전해보고 싶다면, 핀란드 전역에 많은 랠리 드라이빙 센터를 이용해보자.

표시된 무료 지도를 얻을 수 있다. 그러나 오지로 여행을 할 때는 여행을 끝낼 수 있을 만큼 기름을 충분히 채우자. 대부분 주유소는 24시간 운영하며, 현금이나 신용카드를 받는 자동 주유기가 있다.

음주운전법은 매우 엄격하다. 술이나 약에 취한 상태에서의 운전은 금지되어 있다. 혈중 알코올 농도 허용치는 1ml당 0.5mg이며, 법규를 위반하면 벌금이나 구금 등 처벌을 받게 된다. 핀란드인은 저녁에 외식을 하기 위해 음식점에 가면, 택시나 대중교통을 이용해 귀가한다. 많은 사람은 개인용 음주 측정기를 가지고 있어서 파티가 끝난 후 운전해도 안전한지를 확인한다. 경찰은 토요일 또는 일요일 오전에 노상 검문소를 설치해 운전자의 음주운전 여부를 확인한다. 전날 술을 많이 마셨다면 다음 날 아침에도 혈중 알코올 농도가 허용치를 넘을 수도 있다. 젊은 핀란드인은 저녁에 외출할 때 서로 돌아가면서 운전을 한다. "이번 주 토요일에는 내가 운전할게. 다음 주 토요일에는 네가 운전해"라고 정할 만큼 위험한 행동을 하지 않는다. 택시가 비싸긴 하지만 대부분 지역에서 24시간 운영한다.

도로에서는 엘크와 순록 같은 동물들이 운전에 위협이 된다. 특히 동틀 녘과 해 질 녘이 위험하다. 도로 경고 표지판을 잘 살피자. 이렇게 몸집이 큰 동물과 충돌하면 매우 위험할 수 있다. 엘크가 많은 지역에는 엘크가 도로에 들어오지 못하게 막는 울타리가 있다.

여름철 저녁에는 태양이 낮게 떠서 시력에 큰 영향을 미칠 수 있으므로 주의하자. 대부분의 심각한 사고는 부주의한 운전으로 인해 발생한다. 사고가 나면, 112나 10022(지방 경찰)로 신고하자. 경찰, 구급차, 구조 서비스는 잘 조직되어 있으며 효율적이다.

택시

택시 정류장은 보통 주요 기차역, 쇼핑센터, 공항 근처에 있으며, 소도시의 경우에는 주요 마켓 광장에 있다. 모든 택시에는 노란색 표시(탁시)가 있으며, 택시 표시에 불이 켜져 있으면 이용할 수 있다는 의미다. 물론 택시를 부르는 방법에 관한 모든 정보는 인터넷에서 검색할 수 있다. 택시 운전자를 보호하기 위해 대부분 택시에는 카메라가 설치되어 있다.

자전거

많은 핀란드인은 자전거를 가지고 있으며 연중 내내 자전거를 탄다. 자전거 도로가 있으며, 도시에는 보행자 도로에 자전거 전용도로가 표시되어 있다.

　어린이들은 주로 자전거를 타고 학교로 등교하며, 학교 운동장의 지정된 구역에는 수백 대의 자전거가 세워진 모습을 볼 수 있다. 헬싱키에서 도시 자전거로 주변을 돌아다닐 때는 소액의 비용을 내고 사용할 수 있으며, 도시 내에 있는 자전거

대여소 중 아무 곳에나 반납할 수 있다. 자전거를 탈 때는 안전모 사용이 권장되며, 헬싱키 도시 관광 사무실에서 안전모를 빌릴 수 있다. 다른 도시도 비슷한 프로그램을 운영하고 있다. 자세한 사항은 각 지역에 문의해보자. 자전거를 가지고 버스나 기차에 탑승하려면 자전거 칸을 확인해보자. 요금이 발생할 수도 있다.

핀란드 전역에는 자전거가 그려진 갈색 표시판으로 표시된 자전거 도로망이 있다. 아니면 자전거 도로를 보여주는 자전거 전용 지도를 찾아보자. 자전거는 여름철에 핀란드를 구경

할 수 있는 좋은 방법이다. 핀란드 대부분은 경사가 완만한 지형이라 자전거를 타고 이동하기에 이상적이다. 라플란드와 핀란드 동부 지역에는 가파른 언덕이 있으며, 그곳에서 자전거를 타려면 몸이 튼튼해야 한다. 자전거 관광으로 가장 인기 있는 지역은 올란드 제도로 페리를 타고 섬 이곳저곳을 돌아다닐 수 있다. 자전거 대여는 많은 곳에서 가능하다. 자세한 사항은 현지 관광 사무소에 문의해보자. 오랫동안 자전거를 타기 전에는 안전모, 핸드폰, 우비, 펌프를 비롯한 예비품을 준비하자. 인라인 스케이트와 롤러 스키도 자전거 도로를 사용한다.

자전거를 타는 사람과 보행자는 봄철 지붕에서 떨어지는 눈을 조심해야 한다. 도로나 보행로에서 미끄러지는 사고가 연간 4만 건 정도 발생하니 조심하자. 자전거를 타든 걷든 미끄럽지 않은 신발을 신자. 특히 추운 계절에는 징이 박힌 신발을 신는 것이 좋다.

대중교통

핀란드의 대중교통은 잘 발달해있다. 버스는 도시에서 주요한 대중교통 수단으로 이용된다. 헬싱키에는 핀란드에서 유일하게 지하철이 있으며, 트램도 있다. 모든 대중교통 시간표는 인터넷에서 확인할 수 있다. 핀란드에서의 여행을 계획하거나 표를 구매할 때 도움 되는 인기 앱으로는 내비게이션 기능과 대중교통 정보를 제공하는 무빗, 기차표를 예약할 수 있는 VR 모바일, 헬싱키의 대중교통 티켓을 구매할 수 있는 HSL 모빌릴리푸가 있다.

【 비행기 】

핀란드는 다른 나라들과 항공편으로 잘 연계되어 있다. 대부분의 항공사는 헬싱키로 취항하며, 일부 국제 항공사는 탐페레, 투르쿠, 로바니에미로 취항한다. 특히 라플란드로 가는 전세기들도 많다.

핀란드의 국내 노선은 유럽에서도 가장 발달된 편이다. 헬싱키-반타 공항에는 면세점, 와이파이, 모바일 기기 충전소가 있다. 주요 국내 항공사로는 핀에어가 있으며, 이외에도 소형 항공사들이 있다.

헬싱키의 전기 트램은 세계에서 가장 오래된 트램 중 하나로 헬싱키를 탐색할 수 있는 훌륭한 방법이다.

【기차】

여객 열차는 북부 라플란드를 제외하고 핀란드 지역 대부분을 다닌다. 대부분 도시는 철로로 연결되어 있지만, 동부에서 서부로 이동하는 것은 북부에서 남부로 이동하는 것보다 훨씬 더 힘들다. 모든 주요 철로는 헬싱키로 연결된다. 열차에는 애완동물을 데리고 여행하는 승객들을 위한 칸이 있으며, 자전거와 스키 및 기타 대형 품목을 보관하는 칸도 있다. 모든 도시와 도시를 연결하는 열차에는 식당과 회의 시설이 갖추어져 있다. 장거리 열차에는 침대칸이 있다.

【 고속버스 】

고속버스는 일반 도로의 90% 이상 구간을 운행하며, 운행 시
간표는 일반적으로 철도, 항공, 선박과 연계되어 있다. 한 도시
에서 다른 도시로 연결하는 열차를 찾지 못한다면, 해당 노선
을 운행하는 고속버스를 꼭 찾을 수 있을 것이다. 승차권은 고
속버스에 탑승하면서 사거나, 고속버스 웹사이트에서 구매하
거나, 옴니버스 앱처럼 앱을 통해 구매할 수 있다.

【 보트와 페리 】

도로 교통뿐만 아니라, 여름철에는 호수에서 수상 교통을 이

용할 수 있으며, 스웨덴과 에스토니아, 폴란드, 독일로 가는 보
트가 연중 내내 있다. 내륙 지방의 호수와 강을 여행하는 것
은 핀란드를 즐길 수 있는 훌륭한 방법이다. 헬싱키에서 포르
보까지 해안 관광 노선이 있으며, 보트도 헬싱키 해안의 일부
섬으로 운행한다. 올란드 제도는 선박 노선과 페리 네트워크를
연결한다. 라펜란타에서 사이마 운하를 거쳐 러시아의 비푸리
까지 여행할 수도 있다.

숙박

호텔은 일반적으로 수준이 높지만, 그만큼 가격도 비싸다. 대부분의 호텔에는 사우나(핀란드라는 사실을 잊지 말자)와 수영장이 갖추어져 있다. 호텔은 많지만 대다수는 소코스, 쿠물루스, 스칸딕 호텔 체인 세 곳이 운영하고 소유하고 있다. 호텔의 품질과 편안함이 제일 중요하다면, 핀란드 호텔이 실망스럽지 않을 것이다.

다른 형태의 숙박 시설로는 스파, 유스호스텔, 홀리데이 빌리지, 통나무집, 캠프사이트가 있다.

B&B와 농장 숙박 시설 등 선택의 폭이 다양하다. 여름 별장과 스키 샬레도 빌릴 수 있다. 라플란드에는 주요 하이킹 코스를 따라 야생에서 무료로 잘 수 있는 오두막도 있다.

건강과 안전

핀란드는 현대식 병원과 보건소와 함께 효율적이고 우수한 보건 서비스를 구축하고 있다. 의료제도는 공공 의료와 민간 의료가 혼재되어 있다. 산모 의료는 세계 최고 수준이며, 영아사망률은 세계에서 가장 낮다. 치과 진료도 훌륭하지만, 보통 민간 의료로 진행되므로 비용이 많이 든다. 한동안 핀란드에서 지낼 계획이라면, 의료 비용을 켈라(정부의 모든 혜택을 관리하는 제도)의 보장을 받든, 개인이 선택한 민간 보험으로 보장을 받든 반드시 둘 중 하나는 가입하는 게 좋다. 핀란드에는 심각한 보건상의 문제는 거의 없지만, 겨울이 어둡고 길다 보니 우울증을 유발할 수 있다. 계절성 정서 장애는 특수한 빛으로 치료할 수 있다.

EU 시민은 EU법에 따라 의료보험 권리가 있으며, 대부분의 핀란드 의사는 영어를 구사할 수 있다. 대부분의 일반적인 약은 슈퍼마켓과 약국에서 구입할 수 있으며, 일반적인 질병에 대해 조언을 해줄 수 있는 훈련받은 약사들이 있다.

핀란드는 매우 안전한 나라로 범죄율이 낮다. 은행 강도와 절도가 드물게 발생하기는 하지만, 안타깝게도 증가세에 있다. 소매치기는 거의 없지만, 조심해서 나쁠 건 없다. 핀란드는 놀라울 정도로 안전한 나라이다.

의복

핀란드로 가져갈 옷은 당연히 방문 시기에 따라 다르다. 창문은 삼중으로 되어 있으며, 실내는 언제나 따뜻하다.

겨울에는 춥기 때문에 따뜻한 바람막이 코트와 모자 그리고 장갑이 필요하다. 무엇보다 신발이 가장 중요하다. 핀란드에서는 매년 빙판길에 미끄러져 손목과 발목이 부러지는 사고가 수만 건은 발생하므로 밑창의 그립감이 좋은 신발을 꼭 가져가자. 라플란드에서 스노우 사파리를 간다면, 여행 가이드가 적합한 옷을 제공할 것이다. 스키 센터에서 필요한 모든 장비를 대여할 수 있다. 여름에는 덥기도 하지만, 비가 내리고 추울 수도 있으니 시원한 옷과 따뜻한 옷을 둘 다 준비하자.

앞에서 말했듯이, 핀란드인은 편안하게 옷을 입기 때문에, 특별히 정장을 입어야 할 상황은 많지 않다.

08

비즈니스 현황

핀란드 비즈니스맨은 교육 수준이 높고, 능력 있으며, 전문적이고, 효율적이다. 통상적으로 자신의 업무를 정확히 잘 파악하고 있으며, 목표 성취를 위해 근면 성실하게 일한다. 핀란드 기업에서 의사결정은 대체로 민주적이다. 빠른 결정에 뒤이어 신속하게 행동으로 옮긴다. 일할 때는 빨리 서두르는 것이 좋다는 원칙 때문이다.

본격적인 비즈니스

핀란드 비즈니스맨은 교육 수준이 높고, 능력 있으며, 전문적이고, 효율적이다. 통상적으로 자신의 업무를 정확히 잘 파악하고 있으며, 목표 성취를 위해 근면 성실하게 일한다. 그렇다고 그 사실을 떠벌리지도 않으며, 조용히 맡은 업무를 수행한다. '청교도적 직업 윤리'가 핀란드인의 업무 스타일을 잘 설명할 수 있을 것이다.

핀란드인은 상상력이 풍부하며 혁신적이다. 그들은 외국어에도 능통하다. 사실 핀란드 밖에서 핀란드어를 거의 사용하지 않기 때문에 선택의 여지가 없다. 그들은 심각해 보이거나 우울해 보이지만, 단지 집중하고 있을 뿐이다. 그들과 함께 프로젝트를 하거나 회의에 참여할 때 그들의 이런 태도를 기분 나쁘게 받아들이지 말자.

핀란드는 단기간에 최첨단의 현대 사회에 진입한 비교적 신생 국가라는 점을 기억하자. 농업 경제에서 빠르게 선진 경제로 발전하면서 핀란드인의 사고방식과 일하는 방식에 커다란 영향을 미쳤다. 지난 수십 년간 핀란드 사회와 교육은 기업가 정신을 매우 중요하게 생각해왔다. 그 결과 노키아와 코네 같은 성공한 기업들이 탄생했으며, 과학과 공학, 녹색기술 분야에서 상당한 혁신으로 이어졌다. 그러나 노키아의 수익성과 영향력이 감소하면서, 핀란드는 과거의 영광을 되찾기 위해 계속해서 노력하고 있다. 그리고 핀란드인이 움직인다면 분명 성공할 것이다.

마찬가지로 핀란드는 불과 얼마 전까지만 해도 관광객, 이민 등과 같은 세계적인 문제들과는 상당히 거리가 멀었다. 그러나 이제 핀란드인은 세계 무대에서 신흥 강국으로 부상했을 뿐만 아니라, 그들의 눈앞에서 사회가 시시각각 빠르게 변하고 있다. 이러한 상황은 도전 과제가 되기도 하지만, 핀란드인의 혁신을 좋아하는 천성과 끊임없이 개선하려는 의지를 자극하기도 한다. 이러한 이유에서 핀란드 기업들은 뭔가 잘 되지 않을 때 변화를 도모하고 새로운 해결 방안을 적용하는 데 언제나 열려있다. 핀란드인은 새로운 것을 좋아하고, 비효율적인 것을 싫어하며, 이 같은 핀란드인의 성향이 더해져 성공으로 이어졌다.

기업 분위기와 매너

일반적으로 핀란드 회사의 분위기는 편안하고 격식을 차리지 않는다. 회사에서 편안한 복장으로 일을 하며, 중요한 회의가 있을 때만 정장을 입는다. 핀란드인은 업무를 할 때 진지한 태도로 임한다. 이들은 타인과 함께 업무를 할 때는 즐거움을 추구해서는 안 된다고 생각하며, 주어진 업무에만 집중한다. 핀란드인은 필요한 정보는 이미 주어졌다고 생각해서, 추가로 질문을 하거나 토론을 할 필요가 없다고 생각한다. 이런 생각

때문에 의사소통에 혼동이 생기거나 의사소통이 부족할 수 있지만, 위계질서가 유연하기 때문에 직급과 상관없이 모든 사람이 의견을 내고 궁금한 사항을 물어볼 수 있는 분위기가 조성되어 있다.

사람들은 서로에게 아주 솔직할 수 있지만, 다툼을 싫어하기도 한다. 이러한 환경에서 근무할 때 다음과 같은 사항들을 알아두자.

- 보통 직급을 쓰지 않는다. 상대방의 이름을 모르는 경우에만 남성(헤라)이나 여성(로우바)을 부르는 호칭을 사용한다.
- 핀란드인 고객의 이름과 거래처의 이름을 바르게 발음하는 법을 배워두는 것이 좋다. 어려울 것 같지만, 도움이 되는 간단한 발음 법칙이 몇 가지 있다. 항상 첫 음절을 강조하고, 모든 글자는 하나의 소리를 낸다. 조금만 연습해도 금방 핀란드인의 이름을 제대로 발음하게 될 것이다! 대부분 외국인은 핀란드인 이름이 발음하기 어렵고 불가능하다고 생각한다. 따라서 핀란드인은 외국인의 잘못된 발음에 익숙하다. 그러나 그들의 이름을 바르게 발음한다면, 기뻐할 것이다.

- 핀란드인을 처음 만나면, 그들은 악수를 기대한다. 따라서 악수를 하지 않으면 예의에 어긋난다. 헤어질 때도 악수를 잊지 말자. 비즈니스 파트너를 잘 알게 되거나 자주 만난다면, 만날 때마다 악수할 필요는 없지만 오랜만에 만나게 된다면 꼭 악수하자. 아울러 핀란드인은 자신을 소개할 때 성과 이름 전체를 말한다. 전화를 받을 때도 발신인이 누군지 모를 때만 자신의 성과 이름 전체를 말한다.

- 나이, 성별, 직급에 상관없이 서로 모르는 사람이라면 잊지 말고 소개해주자. 남성을 여성에게, 젊은 사람을 나이 든 사람에게, 혼자 있는 사람을 그룹에게, 낮은 직급의 사람을 높은 직급의 사람에게 소개하자.

• 그게 그렇게 됐더라고! •

핀란드 코미디언 이스모 레이콜라는 외국 여행에서 돌아오자마자 핀란드인은 자신이 한 행동을 설명할 때 수동태를 쓴다고 농담했다. 따라서 핀란드 동료에게 일을 잘했다고 칭찬할 때, 상대가 "글쎄, 그게 그렇게 됐더라고!"라고 대답해도 놀라지 말자.

의사소통 스타일

핀란드인은 내성적이며, 핀란드 비즈니스인도 다르지 않다. 그러나 세계화가 확산하면서 이런 고정관념적인 스타일이 변화하고 있다. 그러나 핀란드인은 말을 할 때 언제나 정직하고 솔직하며, 친구와 동료도 마찬가지로 정직하고 솔직하기를 바란다. 방식은 변했을지 몰라도, 이런 기본적인 가치는 바뀌지 않았다.

핀란드인은 천성적으로 겸손하며 조용할 때가 많고, 의견을 물어보면 대답하기 전에 시간을 들여서 생각한다. 보통은 침묵 상태에서 생각하며, 눈에 띄는 몸짓이 거의 없다. 따라서 그들이 생각할 시간을 주어야 한다. 핀란드인과 대화하는 중간에 겪게 되는 침묵이 불편하게 느껴질 수도 있겠지만, 정작 핀란드인은 침묵을 불편하게 느끼지 않는다는 것을 기억하자. 침묵 때문에 괜히 안절부절못하는 모습을 보이면 핀란드인은 당신이 대화에 집중하지 않는다고 생각할 수도 있다. 핀란드인은 천천히 대답할 수도 있다. 답변이 느린 까닭은 깊이 생각하기 때문이다. 대화할 때, 핀란드인과 말이 동시에 튀어나오는 순간은 없다. 전반적으로 핀란드인은 말이 많은 사람을 믿지 않을 수 있다. 동부 지방의 카렐리아인과 사보인은 더 개방적이고 말수가 많은 것으로 알려져 있다. 모든 핀란드인과 직설적이고 솔직하게 대화하면, 그들은 있는 그대로 사실을 받아들인다.

핀란드인은 쓸데없는 말을 싫어하며 있는 사실을 그대로 말하기 때문에, 늘 외교적이라고는 할 수 없다. 때로는 무례하거나 직설적으로 느껴질 수 있지만, 의도적이지는 않다. 핀란드인의 방식일 뿐이다.

요약하자면 핀란드인은 천성적으로 대화를 꺼리지만, 국제 비즈니스 세계에서 어떻게 행동해야 하는지를 배웠다. 예를 들면, 핀란드인이 영어를 유창하게 구사하는 것을 들 수 있다. 여러분의 핀란드 비즈니스 파트너들은 틀림없이 영어에 능숙할 것이다. 여러분의 모국어가 다른 나라에서 거의 사용되지 않는 경우, 국제적인 공통어 영어를 알면 여러모로 도움이 된다. 그러나 같은 이유에서 핀란드어 한두 단어라도 배워두자. 핀란드인은 핀란드어를 인정해줄 때 매우 고마워한다.

전형적인 인사로는 헤이(안녕하세요), 테르베(안녕하세요. 정중한 표현), 모이(안녕. 격의 없는 표현으로 조심해서 사용하자)가 있다. 안부를 물어볼 때는, '미타 쿠루?'라고 말하자(직역하자면, '무슨 말을 들었어요?'라는 뜻으로 일반적으로 핀란드어를 잘하지 못하는 사람에게 물어본다. 그러나 핀란드어를 조금 더 배우면, 핀란드인의 답변이 조금 더 솔직해질지 모른다!). 핀란드인에게 이렇게 질문하면, 핀란드인은 일반적으로 '휘바'라고 대답한다(또는 '좋아요'라고 말을 하며, 이는 '좋은 일에 대해 들었어요'라는 뜻이다). 헤어질 때는 간단히 '헤이 헤이'라는 말만 해도 충분하다.

비즈니스에 종사하는 핀란드인은 타 문화와 다른 소통 방식을 알고 이해하는 경향이 있다. 그러므로 실수할 걱정을 하지 말자. 어느 정도는 이해할 것이다.

• 대화를 꺼리는 사람들 •

핀란드인 교사가 영국인 동료 교사에게 수업 시간에 학생들과 의사소통하는데 문제가 없냐고 물어보았다. 그러자 영국인 교사는 이렇게 대답했다. "문제가 있어요. 학생들이 쉬지 않고 말해요!" 그러자 핀란드인 교사는 자신의 수업 시간에는 오히려 말을 안 해서 힘들다고 말했다.

프레젠테이션

일반적으로 핀란드인은 프레젠테이션을 미리 잘 준비하며, 메모나 슬라이드 내용에서 거의 벗어나지 않는다. 이런 표현을 해도 되는지 모르겠지만, 그들은 오락적인 요소가 부족하다. 핀란드인은 사실에만 관심이 있고, 듣는 사람의 관심을 끄는 데는 관심이 없다. 프레젠테이션에 집중하는 일은 듣는 사람의 몫이다. 대부분의 사람처럼 핀란드인도 프레젠테이션을 하면 긴장한 모습을 보이며, 특히 영어에 자신이 없을 때 그런 모

습이 더욱 두드러진다. 그러나 집중해서 그들의 프레젠테이션을 들어준다면, 상당히 고마워할 것이다.

핀란드인이 가득한 곳에서 프레젠테이션을 한다면, 주제와 상관없는 이야기는 하지 말자. 그리고 논점을 명확하게 전달하려고 노력하자. 다른 문화에서는 좋은 설득 방법이라고 생각할 수 있는 자랑이나 비방처럼 들리는 내용을 핀란드인은 신뢰하지 않는다. 아이디어, 제품 심지어 자신을 지나치게 알리고 싶은 마음은 내려놓자. 또한 사람들이 프레젠테이션을 들으러 모였을 때, 강당의 뒷좌석부터 자리를 채우고 앞좌석을 비워두더라도 놀라지 말자. 눈에 띄는 자리를 피하는 성향은 핀란드인의 일반적인 성향으로 여러분 잘못이 아니다.

팀워크

핀란드인은 천성적으로 혼자 있는 것을 좋아한다. 핀란드 초기 정착민은 강가 언덕에 집을 지었고, 집 주변은 땅으로 둘러싸는 형태를 보였다. 이웃들도 비슷한 형태로 집을 지었고, 따라서 집과 집 사이에 간격이 멀었다. 초기 정착민들은 자신의 집

옆 강에서 나무 부스러기가 떠내려가는 모습을 보면, 누군가 규칙을 깨고 자신의 집에 너무 가까이 정착했다고 생각했다. 오해일 수도 있지만, 어느 정도는 사실이다.

핀란드 교육제도는 팀워크에 대해 문화적 거부감을 없애려 했고, 이제 핀란드 학교와 직장생활에서 팀워크는 주요한 문화로 자리를 잡았다. 전사 세미나와 교육처럼, 회의하다가 소그룹으로 나뉘어 문제를 논의하거나 해결하는 문화는 이제 일상적이다. 사실 여러분이 원하는 것보다 훨씬 더 자주 팀워크의 형태로 일하게 될 수도 있다.

리더십과 의사결정

핀란드 기업에서 의사결정은 대체로 민주적이다. 빠른 결정에 뒤이어 신속하게 행동으로 옮긴다. 일할 때는 빨리 서두르는 것이 좋다는 원칙 때문이다.

인권과 환경 문제는 의사결정 과정에서 중요하다. 환경에 영향을 미칠지도 모른다는 의혹이 들면 반드시 해소하고 넘어가야 한다. 핀란드인은 힘들게 이 점을 배웠다. 1950년대와 1960년대 셀룰로스와 제지 산업은 환경오염의 주범이었지만, 이제는 완전히 달라졌다. 이제 임업은 지속가능개발의 좋은 모델이 되고 있다.

남녀는 동등하다. 과거 핀란드 재계와 산업계 리더 자리는 전부 남성들이 차지했고, 이사회 안건은 저녁에 사우나를 하면서 논의했다. 고객들에게 유흥을 제공하기 위해 사우나를 여전히 이용하지만, 이제는 여성 임원들이 많아졌기 때문에 사우나를 이용하는 빈도가 줄어들었다. 요즘은 골프나 오페라 관람을 더 많이 한다.

· 선물 주기 ·

비즈니스상 선물을 줄 때는 뇌물을 주는 것처럼 보이지 않도록 주의하자. 뇌물은 허락되지 않는다. 그러나 핀란드인은 여러분이 자국에서 가져온 선물은 따뜻하게 받아들인다.

시간 엄수

핀란드인은 시간을 잘 지키며 신속하기로 유명하다. 8시는 정확하게 8시를 의미하는 것이지, 8시 5분을 의미하지 않는다. 전기수리공과 전화 통화를 해서 오전 8시 방문 약속을 잡았다면, 그가 오전 7시 30분에 방문하는 것도 드문 일은 아니다. 핀란드인도 약속 시간보다 더 빨리 전기수리공이 방문할 것을 기대한다. 배달은 보통 약속한 대로 도착하며, 비용 지급도 신속하게 이루어진다. 연극이나 음악 공연은 정시에 시작하며, 핀란드인은 절대 사람을 기다리게 하지 않는다. 물론 예외란 항상 있다.

모든 공식적인 약속이나 일정에는 24시간 기준의 시간을 사용한다. 핀란드인도 국제적으로 통용되는 차수를 사용한다. "5주 차에는 바쁘지만, 6주 차에는 만날 수 있어"와 같은 말을 들어본 적이 있을 것이다. 대부분의 사람처럼 여러분에게 '차수'라는 개념이 의미 없을지 모르지만, 달력에서 확인하거나 구글을 검색해보자. 아니면 그냥 동료에게 정확한 날짜를 알려달라고 부탁하자.

회의와 협상

회의의 형태는 회의 전에 결정되며, 공식적인 회의에는 의장과 안건이 있다. 핀란드인은 돌발 상황을 좋아하지 않으며, 여러분도 갑작스러운 상황으로 놀랄 일이 없다.

비즈니스 협상은 회사 사우나나 골프장에서 진행되기도 한다. 저녁 사우나 자리는 술을 많이 마시면서 즐길 수 있는 자리가 될 수 있다. 점심 초대를 받으면, 핀란드인은 업무와 겸하는 점심을 원하는지 아닌지를 미리 알려준다. 요즘은 업무를 겸한 점심식사 때 술을 마시지 않는다. 장시간의 즐거운 점심식사는 이제 찾아볼 수 없다. 핀란드인은 보통 근무시간에는 술을 마시지 않지만, 퇴근 후에는 근무시간에 못 마셨던 술을 마신다. 또한 하루 중 여러 번 커피 마시자는 초대를 받을 수 있다는 점을 알아두자.

계약

핀란드인은 권리를 보장받고 합의서를 유지하기 위해 서면 계약에 의존한다. 그렇다고 해서 구두 계약의 진실성을 헐뜯거나 상대방이 솔직하기를 기대하지 않는다는 말은 아니다. 계약을 구두로 하건 서면으로 하건, 핀란드인은 규칙과 법을 준수하고 솔직하며 합의한 사항을 지키려 한다.

그렇지만 법률적인 관점에서 이야기하자면, 계약서는 명확하게 작성하자. 핀란드인은 법률이 아니라 계약서에 적힌 내용대로 계약서를 해석한다.

분쟁 처리

핀란드인은 단호하고 의견이 강하지만, 많은 사람이 다툼을 좋아하지 않는다. 핀란드인에게 생각할 시간을 주자. 불만에 대한 정당한 사유가 있다면, 그들은 주장을 굽히지 않을 것이다. 충돌이 있는 경우, 침착하고 이성적으로 자신의 주장을 펼치자. 감정이 격앙되어 있으면, 핀란드인은 당신을 피하거나 당신과 비즈니스를 아예 하지 않으려 할지도 모른다. 그러나 당신이 상대방을 존중하면서 이성적으로 주장을 펼친다면, 대부분의 핀란드인은 합의하기 위해 열심히 노력할 것이다.

비즈니스계의 여성들

핀란드 사회에서 여성은 중요한 역할을 하며, 비즈니스에서도 마찬가지이다. 여전히 남성이 대다수의 이사회와 CEO 자리를 차지하고 있지만, 이런 자리에 앉는 여성의 비율이 증가하고 있다. 2003년 이후 점차 늘어나 현재는 33%가 이사회와 CEO 자리를 차지하고 있다.

　만일 당신이 비즈니스계에서 활동하는 여성이라면, 핀란드에서는 (일반적으로) 남성과 동등한 대우를 기대할 수 있다. 그러나 핀란드 비즈니스에는 한 가지 이상한 점이 있다. 바로 사우나다! 핀란드에서 비즈니스를 하는 사람들은 함께 사우나를 즐긴다. 그러나 핀란드의 사회적 규범은 남성과 여성이 사우나를 따로 하도록 규정한다. 그 결과 여성은 사우나 자리에서 배제될 수 있다. 당신이 이런 상황에 부닥친다면, 사우나에 당신을 초대해달라고 주장할 수 있다. 핀란드 남성은 주장이 강한 여성에 익숙하며, 이를 기분 나빠하지 않는다.

09

의사소통

핀란드인은 다른 사람과 의견을 주고받기 좋아한다. 잡담을 즐기는 편은 아니지만, 그렇다고
해서 대화 자체를 싫어하지는 않는다. 말의 속도가 느릴 수 있고, 중간에 말을 멈추기도 한다.
일부 핀란드인은 영어를 할 때 특히 느리게 말하기도 한다. 상대방이 한 말을 생각할 때 정적
이 흐르기도 하며, 이런 정적은 허용된다. 핀란드인이 대답하기까지는 시간이 걸릴 수도 있다.

언어

핀란드어(수오미)는 우랄어족의 핀우그리아 어파에 속하는 언어
이다. 일반적으로 어려운 언어로 알려져 있지만, 사실 매우 논
리적이며, 어조와 동사의 형태 변화 규칙은 거의 수학적이다.
영어권 사람들은 핀란드어가 몹시 배우기 어려운 언어라고 생
각하는데, 그 이유는 영어와 공통점이 거의 없기 때문이다. 그
러나 계속해서 점점 더 많은 영어 외래어가 핀란드어에 유입되
고 있다. 핀란드인은 모국어에 자부심이 강하기 때문에 핀란드
어를 쓰려는 외국인의 노력을 좋게 평가한다. 핀란드인과 대화
를 하고 핀란드 문화를 경험하면 쉽게 얻을 수 없는 풍부한 경
험을 할 수 있다.

　핀란드에서는 핀란드어와 스웨덴어가 둘 다 공식 언어로 사
용된다. 핀란드인 중 93%가 핀란드어를 모국어로 사용하며,
5.6%가 스웨덴어를 모국어로 사용한다. 국정 운영과 정부 기
관의 모든 공식적인 의사소통은 핀란드어와 스웨덴어로 이루
어진다. 핀란드 전 국민은 학교에서 공식 언어를 배운다. 핀란
드의 남부 지역과 남서부 지역은 스웨덴어를 주로 사용하며,
올란드 제도에서는 99%가 스웨덴어를 사용한다. 핀란드어는

토르니오강을 따라 북부 스웨덴에서 사용되며, 스웨덴에 거주하는 약 30만 명의 핀란드인도 핀란드어를 사용하고 있다. 핀란드 밖에는 100만 명이 넘는 핀란드인과 그들의 후손이 있으며, 상당수는 미국, 캐나다, 호주에 살고 있다.

사미 언어들은 라플란드에서 1,700명 정도가 사용한다. 핀란드를 여행할 때는 교통 표지판이 보통 핀란드어와 스웨덴어로 병기되어 있으며, 특히 핀란드 남부 지역과 서부 지역에서 두드러진다. 핀란드어가 주로 사용되는 지역에서는 핀란드식 이름을 먼저 쓰며, 스웨덴어가 주로 사용되는 지역에서는 스웨덴식 이름을 먼저 쓴다. 북부 지역의 사미어권에서는 교통 표지가 현지 사미어로도 같이 병기된다. 그러나 핀란드의 모든 사미어는 소멸 위기에 있다. 주된 이유로는 핀란드어가 널리 사용되고 있으며, 영어 사용이 늘었기 때문이다.

핀란드어의 다양한 방언이 핀란드 전역에서 사용되며 대부분은 알아들을 수 있다. 이런 방언들 사이의 가장 큰 차이점은 개인의 발음에서 찾을 수 있다. 개인의 발음은 지역마다 큰 차이를 보인다. 원어민처럼 보이고 싶다면, 그 지역의 대명사를 사용하는 것이 첫걸음이 될 것이다!

표준어 글과 표준어 말 사이에는 뚜렷한 차이점이 있다. 방언과 마찬가지로, 말과 글 사이의 가장 큰 차이는 개인의 대명사 사용에 있다. 글에서 사용하는 대명사로는 미나(나)와 시나(너)가 있지만, 말을 할 때는 아주 공식적인 상황을 제외하고 둘 다 사용하지 않는다. 동사의 형태 변화와 발음도 다르다.

【 영어 사용 】

핀란드인은 영어가 유창하며, 핀란드는 유럽에서 일반인의 영어가 가장 유창한 국가 중 하나이다. 핀란드 교육제도는 세계화를 준비시키기 위해 영어 교육을 상당히 강조하고 있다. 특히 인구가 밀집된 지역에 있다면 영어만 사용해도 핀란드에서 살기 아주 쉽다. 비즈니스, 학계, 전문 분야에 종사한다면, 높은 수준의 영어를 구사하는 사람들이 주변에 많을 것이다.

그러나 핀란드인이 사용하는 영어에서 특이점을 발견할 수도 있다. 첫째, 핀란드어는 억양이 없어서 상당히 단조롭게 들린다. 따라서 핀란드인이 영어를 할 때도 억양이 없어서 감정이 없거나 차갑거나 심지어 화가 난 것처럼 들릴 수도 있다. 둘째, 핀란드인은 조건문 사용을 피하고 명령문을 사용하는 경향이 있다. 핀란드어로 말하면 이상하게 들리거나 지나치게 격식을 차린 것 같다. '커피 좀 드시겠어요?'라는 말 대신, 핀란드인은 '커피 드세요!'나 '빵 드세요!'처럼 말하길 좋아한다. 이런 어투는 이메일에도 잘 드러나며, 영어 원어민이라면 조건절 '~하시겠어요'나 '제발'과 같은 단어를 사용해 조금 더 부드럽게 요청할 것이다. 핀란드인은 '제발'에 해당하는 똑같은 단어가 없어서, 더 직접적으로 질문을 하거나 요청하는 방법을 선호한다. 핀란드인과 대화를 할 때는 이 점을 기억하면, 오해를 피하는 데 분명 도움이 될 것이다.

전화번호부나 사전을 사용할 때는 핀란드어에는 영어에 없는 3개의 알파벳이 있다는 점을 기억하자. 스웨덴어 å(영어에서 'hot'의 'o' 발음과 같다), ä(영어에서 'hat'의 'a' 발음과 같다), ö(영어에서 'herd'의 'er' 발음과 같다)이다. 이들은 알파벳의 끝에 위치한다. 'v'와 'w'는 핀란드어에서 서로 바꿔 쓸 수 있다.

핀란드에서 지낼 계획이라면, 핀란드어를 조금 배우면 핀란드인과 핀란드의 문화를 깊이 배우는 데 도움이 될 것이다. 시간이 있다면, 단어를 배우고 기본 문법을 숙지하거나 핀란드어 수업을 들어보자. 핀란드에 다시 갈 일이 없더라도 시간 낭비는 아닐 것이다.

침묵

핀란드인은 침묵을 존중하며 침묵을 편안하게 생각한다. 전통적으로 침묵은 지혜의 상징으로 칭찬했으며, 수다는 어리석음의 상징으로 생각했다. 대화 중에 침묵이 흐른다면, 핀란드인이 대답하기 전에 조금 전에 들은 말을 생각하고 있다는 것을 의미한다. 실제로, 즉답을 하는 것은 방금 말한 상대방의 견해

· 침묵은 금이다 ·

영국인 여행 작가가 핀란드인 가이드와 라플란드에서 트레킹 한 일화를 소개한다. "우리는 이틀 동안 단 한 명의 사람도 못 만난 채 길을 걷고 있었다. 그때 멀리서 우리를 향해 걸어오는 사람이 보였고, 나는 그와 가을색이 완연한 라플란드의 아름다움에 대해 대화를 나눌 기대를 했다. 점점 우리에게 다가온 남성은 고갯짓 한 번 없이 우리 곁을 스쳐 지나더니 가던 길을 계속 걸어갔다. 나는 핀란드인 가이드에게 "왜 저 사람에게 말을 시키지 않았죠?"라고 물었다. 그러자 가이드는 "저 남성은 고요함을 즐기면서 혼자 있고 싶어서 자연을 찾아왔을 거예요. 우리에게는 그를 방해할 권리가 없어요"라고 대답했다.

에 대한 존경심이 없다는 것을 의미한다. 핀란드인은 저녁식사에서 침묵의 순간을 싫어하지 않지만, 대화가 끊이지 않는 데 익숙한 영어권 사람은 아주 이상하다고 느낄 수 있다.

그러나 '과묵한 핀란드인'이라는 생각이 과장되었거나 전혀 사실이 아니라고 주장하는 사람도 있다. 여러분은 개인적인 경험을 통해 핀란드인의 침묵이 과연 사실인지 아닌지, 그리고 얼마나 일상적인지 직접 판단해볼 수 있을 것이다.

보디랭귀지

핀란드인은 여러분의 이야기를 들을 때 진지한 태도로 집중한다. 그들은 미소를 많이 짓지 않으며, 눈에 띄는 보디랭귀지를 거의 사용하지 않는다. 동의한다는 뜻으로 고개를 약간 끄덕이거나, '흠', '야-아', '우', '오호', '보이보이', '아이야 야이'와 같은 추임새를 조금 넣을 것이다. 일부 핀란드인은 수줍어서 눈을 마주치지 않지만, 핀란드인은 상대방의 눈을 쳐다보라고 배웠고 눈을 쳐다보는 것이 예의라고 생각한다.

핀란드인은 연설을 좋아한다. 생일 파티나 결혼식, 다른 특별한 날에 연설을 하는 것이 관례이며, 특별한 분위기를 만들기 위해 연설하기도 한다. 술이 몇 잔 들어가면, 핀란드인은 확연히 달라지면서 생기를 띤다!

처음에 만난 사람과 인사를 나눌 때는 악수를 기대하며, 헤어질 때도 악수를 기대한다. 보통 젊은 사람들은 악수하지 않으며, 소개를 받으면 고개를 끄덕이거나 서로 인사를 주고받는다. 떨어져 있다가 오랜만에 만난 가족과 가까운 친구끼리는 포옹이 일반적이다.

대화

핀란드인은 다른 사람과 의견을 주고받는 것을 좋아한다. 잡담을 즐기는 편은 아니지만, 그렇다고 해서 대화 자체를 싫어하지는 않는다. 말의 속도가 느릴 수 있고, 중간에 말을 멈추기도 한다. 일부 핀란드인은 영어를 할 때 특히 느리게 말하기도 한다. 상대방이 한 말을 생각할 때 정적이 흐르기도 하며, 이런 정적은 허용된다. 핀란드인이 대답하기까지는 시간이 걸릴 수도 있다.

날씨가 대화의 일반적인 주제이다. 핀란드 날씨는 대화할 거리가 많다. 대화를 시작할 때는 날씨 이야기를 주고받는다. 예를 들면, '일기예보 보셨어요?'와 같이 대화를 시작하는 것이다. 모든 사람이 그렇듯이 핀란드인도 가십을 좋아한다. 스포츠와 TV 프로그램은 정치와 유명인 못지않게 대화의 전형적인 주제이다.

핀란드인은 상대방이 말을 하면 중간에 말을 끊지 말라고 배운다. 때로는 말의 속도가 느려서 핀란드인의 말이 끝났다고 생각하고 외국인이 말을 시작하면, 생각하려고 말을 멈춘 핀란드인은 짜증이 난다.

핀란드인은 돈 이야기도 한다. 적어도 다른 사람의 돈에 관해서는 이야기를 한다. 그리고 물가와 임금 이야기도 한다. 질병과 치료약에 대한 대화도 흔한 편이다.

〔 호칭의 형태 〕

핀란드어에는 프랑스어와 독일어처럼 공식적인 호칭과 비공식적인 호칭이 있다. '시나'는 '너'의 비공식적인 호칭이며, '테'는 공식적인 호칭이다. 과거에는 누가 어떤 사람에게 비공식적인 호칭으로 부를 수 있고, 누가 친하게 이름으로 불러도 되는지 엄격한 사회적 규범이 있었다. 그러나 요즘에는 격식을 차리지 않는다. 소개를 받은 뒤에는 이름을 불러달라는 요청을 받으며, 이름을 불러도 전혀 문제가 되지 않는다. 핀란드어를 조금 구사하는 사람이라면, 연세가 많으신 분이나 아주 공식적인 자리를 제외하고는 비공식적인 호칭을 편하게 사용하면 된다.

자신을 소개할 때는 이름을 먼저 말한 다음 성을 말하지만, 참석자나 손님 목록에서는 성이 먼저 나오고 이름이 뒤에 나온다.

사람들은 예전처럼 직함에 크게 신경을 쓰지 않는다. 그러나 상대방을 높이고 싶다면, '토토리(박사)'나 '프로페소리(교수)'와 같은 직함을 쓸 수 있다. 핀란드인과 사업을 한다면, 항상 그들에게 어떤 호칭을 사용하면 되는지 확인할 수 있다. 그들의 기분이 상하지 않게 먼저 호칭을 물어보는 게 좋다. 남성(헤라), 기혼 여성(로우바), 미혼 여성(네이티)의 단어는 공식 석상에서만 사용하며, 그 외에는 전혀 사용하지 않는다. 언론은 보통 대중에 알려진 인물을 '니니스퇴'나 '니니스퇴 대통령'처럼 성만 부르거나 직책과 성을 함께 부른다.

대부분의 핀란드 기업에는 동료끼리 서로 이름으로만 부르는 정책이 있다. 학생은 교사를 성으로 부른다. 일반적으로 핀란드의 호칭은 핀란드 사회와 가치관을 반영해 격식이 없고 서열을 짓지 않는다.

【 인사말 】

아침에 처음 만나면 '휘바 후오멘타(오전 인사)'라고 말한다. 낮에는 '휘바 파이바(오후 인사)'라고 말한다. 저녁에는 '휘바 일타(저녁 인사)'라고 말한다. 그러나 저녁 인사는 공식적인 자리 이외에는 거의 사용하지 않는다. 이렇게 인사말을 건네면 상대방은 똑같이 인사할 것이다. 헤어질 때는 '헤이 헤이(안녕)'라고 인사한다.

'헤이'와 '모이'는 둘 다 '안녕'을 의미하며, 하루 중 어느 때라도 사용할 수 있다. '키토스'는 '고맙습니다'를 의미하며, '올레 휘바'는 '천만에요'라는 뜻이다.

상점이나 술집에 들어가면 '미타 시나 오타트?(무엇을 갖다 드릴까요?)'라는 질문을 받을 수 있다. 그러면 '…을 원합니다'라는 의미의 '할루아이신…'이나 '오탄…'이라고 대답한다. 영어로 주문을 하면서 직원이 알아듣기를 바라거나, '푸후트코 엥란티아?(영어를 할 수 있으세요?)'라고 질문을 할 수 있다. 누군가가 도와준다면 '키토스 아부스타!(도와주서서 고맙습니다)'라고 말할 수

있다. 또 다른 유용한 표현으로는 '보이시트코 사노아…?(…말씀
해주시겠어요?)'가 있다.

유머

대부분의 핀란드인은 유머 감각이 좋다. 핀란드어는 아주 풍
부하고 감정 표현을 잘하며 웃음을 나타내는 말이 다양하다.
유머 대부분은 말장난이나 언어의 유희를 바탕으로 한다. 핀
란드인은 폭소를 터트리게 하는 유머와 미묘하고 건조한 유머
둘 다 좋아하며, 자신을 비하하는 농담을 잘한다. 웃음은 사
는 게 힘들 때 버틸 수 있는 힘이 된다. 핀란드인은 자신을 잘
조롱한다. 그러나 여러분이 그들을 비웃으면 좋아하지 않는다.
그들은 농담하고 웃긴 이야기를 하는 것을 좋아한다. 섹스는
여전히 금기시되기 때문에, 농담거리로 다루기가 더 쉬워서 종
종 유머의 대상이 된다. 정치, 정치인, 시사는 모두 풍자의 단
골 소재가 된다.

그렇다면 핀란드인을 웃게 만드는 것은 무엇일까? 인기 TV
프로그램으로는 〈프레이저〉, 〈프렌즈〉, 〈섹스 앤드 더 시티〉, 〈내

가 그녀를 만났을 때〉와 같은 전형적인 미국 시트콤과 〈미스터 빈〉, 〈예스 프라임 미니스터〉와 같은 영국 코미디 프로그램이 있다. 특히 스웨덴인과 러시아인에 대한 아슬아슬한 스토리와 농담을 좋아하지만, 영어로 번역하면 유머가 잘 살지 못한다.

유명한 핀란드 코미디언 이스모 레이콜라는 2014년 '세계에서 가장 웃긴 사람'으로 인정받았다. 그의 유머는 핀란드인과 영어권 사람들 사이의 접점을 잘 보여준다. 핀란드어이든 영어이든 레이콜라는 언어와 언어의 이상한 점을 주제로 농담한다.

서신

핀란드인은 편지를 잘 쓰는 편이 아니며, 항상 서신을 보내는 건 아니다. 구두상 의사소통만으로 충분하다. 핀란드인은 자신이 뱉은 말을 번복하지 않는다.

서신에서 사용하는 언어는 매우 간결하고 본론만 적는다는 점을 알아두자. 중요한 내용만 쓰여있으며, 미사여구는 없다. 간결하고 본론만 써야 하는 이메일은 핀란드인에게 안성맞춤이다.

서비스

【 인터넷과 미디어 】

핀란드는 인터넷망이 잘 갖추어져 있다. 핀란드인은 다른 나라 사람들처럼 휴대전화와 모바일 기기를 통해 많은 미디어를 접한다.

　일반적으로 여가시간에는 전통적인 TV 방송과 케이블 방송을 시청하며, 스트리밍 서비스에 가입해서 시청하기도 한다. 시청 방식과 시청 대상에 상관없이 모든 외국어 콘텐츠는 더빙이 아닌 자막으로 처리되어 있다. 핀란드 방송국이 공영 방송 채널을 운영하고 있으며, 뉴스 기사와 다른 온라인 콘텐츠도 발행하고 있다. 윌레아레나라는 앱을 통해 TV의 거의 모든 채널을 볼 수 있다. 핀란드어를 배우고 싶다면 이 앱을 한 번 살펴보자.

【 휴대전화 】

핀란드는 휴대전화로 유명한 나라이다. 일부 비즈니스나 통신 판매 업체를 제외하고는 유선은 더 이상 사용하지 않는다. '마트카푸헤린'은 휴대전화를 뜻하는 공식 단어지만, 일상생활에서 많이 사용되는 단어는 '칸니크카'로, '당신의 손바닥에 맞는 물건'이라는 뜻이다.

선불 SIM카드를 사려면, DNA나 엘리사, 텔리아 같은 네트워크 상점에서 쉽게 구입할 수 있다.

【우편】

핀란드 우편 서비스는 포스티라고 불리며, 대부분의 핀란드 서비스처럼 믿을 수 있다. 포스티의 로고는 밝은 오렌지 색상에 'Posti'라고 쓰여있어, 엽서나 소포를 보내기 위해 우체국을 찾을 때 쉽게 찾을 수 있다.

포스티는 월요일부터 금요일까지는 보통 오전 8시부터 오후 8시까지 문을 열며, 토요일에는 오전 10시부터 오후 3시까지 영업하며, 일요일에는 문을 닫는다. 포스티뿐만 아니라 식료품점과 작은 상점에서도 우표를 구매할 수 있다.

결론

핀란드인은 힘든 상황을 극복하는 능력이 뛰어나며 독립적이다. 수 세기 동안 외세의 통치를 이겨낸 영원한 공동체 의식과 불굴의 시수 정신은 오늘날에도 핀란드 사회를 형성하고 있다. 지난 100여 년의 발전으로 핀란드인이 세계 곳곳으로 퍼져나가 있지만, 그들은 핀란드 땅에 강하게 뿌리를 내리고 있다.

오늘날 대부분의 핀란드인은 도시에 살고 있다. 그러나 시골 지역과 자연과도 여전히 끈끈하게 연결되어 있다. 핀란드의 경치는 숨 막힐 정도로 아름다운 곳이 많으며, 핀란드인도 사시사철 자연의 아름다움을 소중하게 생각한다.

또한 핀란드에는 즐길 수 있는 것들이 다양하다. 비즈니스는 성황을 이루고 있으며, 음악 분야도 뛰어나다. 예술과 디자인은 핀란드 곳곳에 배어있다. 건축물은 중세의 석조 교회에서 현대의 최첨단 디자인의 상징적인 건물들에 이르기까지 다양하다. 그리고 멋진 야외 활동들을 즐길 수 있다. 연중 아무 때나 핀란드를 방문해도 하이킹, 카누, 스키 등 자연의 아름다움을 즐길 기회는 무궁무진하다. 현대 문명의 편리함이 전혀 그립지 않을 것이다. 그뿐만 아니라, 도시를 벗어나 자연의 품으로 쉽게 뛰어들 수도 있다.

'핀란드인의 침묵'을 두려워하지 말자. 핀란드인은 말을 하거나 남들보다 눈에 띄는 것을 바라지 않을 수도 있지만, 친절하고 외국인에게 대체로 관심이 많다. 특히나 '조용한 핀란드인'을 만난다면, 그들의 침묵을 같이 즐겨보는 건 어떨까?

북유럽의 보석 같은 핀란드는 유럽에 속하지만, 유럽 대륙에서 가장 멀리 떨어져 있으며 광활하고 아름다운 지역 중 한 곳이다. 경이로운 땅, 핀란드는 알아가는 기쁨을 선사하며, 창의적이고 공정하며 회복력이 강한 핀란드인은 충분히 알아볼 가치가 있다.

참고문헌

Boyle, Max. *The Honest Tribe: Travels in Finland*. Leicester: Troubador Publishing Ltd, 2018.

Korhonen, Karoliina. *Finnish Nightmares: An Irreverent Guide to Life's Awkward Moments*. Berkeley: Ten Speed Press, 2019.

Nenye, Vesa, Peter Munter, et al. *Finland at War: The Winter War 1939–40*. Oxford: Osprey Publishing, 2018.

Nylund, Joanna. *Sisu: The Finnish Art of Courage*. Pennsylvania: Running Press, 2018.

Pantzar, Katja. *The Finnish Way: Finding Courage, Wellness, and Happiness Through the Power of Sisu*. New York: TarcherPerigee, 2018.

Partanen, Anu. *The Nordic Theory of Everything: In Search of a Better Life*. New York: Harper Paperbacks, 2017.

Rantanen, Miska. *Pantsdrunk: Kalsarikanni: The Finnish Path to Relaxation*. New York: Harper Design, 2018.

Tuomainen, Antti, David Hackston. *Palm Beach, Finland*. London: Orenda Books, 2019.

Vaananen-Jensen, Inkeri, Deb Schense, et al. *Finnish Proverbs*. Iowa: Penfield Books, 2012.

Walker, Timothy. *Teach Like Finland: 33 Strategies for a Joyful Classroom*. New York: W. W. Norton & Company, 2017.

지은이

테르투 레니

테르투 레니는 핀란드에서 교사이자 강사이며, 방송가이자 작가로 활동하고 있다. 또한 영국 외교관과 기업인의 해외 발령 준비에 도움을 주는 전문 개발 코디네이터로 런던 외무부에서 근무했다. 런던대학교의 슬라브어 및 동유럽 학부에서 러시아 어문학과 스웨덴 어문학을 전공한 그녀는 웨스트민스터대학교에서 언어교육 석사 예비과정을 수료한 후, 『핀란드어 독학으로 배우기』, 『핀란드어 말하기 1』, 『핀란드어 말하기 2』를 비롯한 여러 간행물을 집필했다.

엘레나 배럿

교사, 작가, 응용언어학자로 핀란드에 오랫동안 거주하고 있다. 미국 코네티컷 출신으로, 핀란드 성인과 고등학생을 대상으로 영어를 가르쳤다. 현재 핀란드 위배스퀼래대학교에서 법률 분야의 언어 사용을 연구하고 있다. 'Already There'라는 이름으로 핀란드에 거주하는 이민자의 생활을 보여주는 블로그를 운영하고 있다.

옮긴이

권은현

서울외대를 졸업하였으며, 다년간 통역사로 활동하였다. 현재 번역에이전시 엔터스코리아에서 번역가로 활동하고 있다. 옮긴 책으로 『착한사람을 그만두면 인생이 편해진다』, 『백만장자의 아주 작은 성공 습관』이 있다.

세계 문화 여행
시리즈